L'EXISTENCE DU MONDE EXTÉRIEUR D'APRÈS DESCARTES

THÈSE

Présentée à la Faculté des Lettres de l'Université de Paris

PAR

GUSTAVE RODRIGUES

PROFESSEUR DE PHILOSOPHIE AU LYCÉE D'AMIENS

PARIS
SOCIÉTÉ NOUVELLE DE LIBRAIRIE ET D'ÉDITION
17, Rue Cujas

1904
Tous droits réservés

L'EXISTENCE
DU
MONDE EXTÉRIEUR
D'APRÈS DESCARTES

THÈSE

Présentée à la Faculté des Lettres de l'Université de Paris

PAR

GUSTAVE RODRIGUES

PROFESSEUR DE PHILOSOPHIE AU LYCÉE D'AMIENS

PARIS
SOCIÉTÉ NOUVELLE DE LIBRAIRIE ET D'ÉDITION
17, Rue Cujas
—
1904
Tous droits réservés

PRÉFACE

On voit généralement dans le cartésianisme une philosophie des idées claires et distinctes, le type le plus parfait de l'évidence purement rationnelle. Sans la croire absolument fausse, nous jugeons cette conception pour le moins incomplète, elle ne met en lumière qu'un des aspects du système. Sur deux questions capitales, celles de l'existence du monde extérieur et de l'immortalité de l'âme, Descartes proclame l'impuissance de l'entendement et fait appel à la volonté, c'est-à-dire à la foi, accusant ainsi, avec le défaut de son système, celui de toutes les doctrines intellectualistes.

Nous n'avons étudié dans cet ouvrage que le problème du monde extérieur d'après Descartes, mais cette question nous paraît être étroitement liée avec celle qui traite de l'immortalité ou plutôt de l'éternité de l'âme. Il nous semble, en effet, que le penseur ne peut établir rationnellement ni l'existence de *corps multiples, réels et distincts,* ni davantage celle *d'âmes multiples, réelles, distinctes,* et, par conséquent, *immortelles.* Des principes qu'il pose il peut simplement déduire l'existence du *corps en général* et de *l'âme en général* et, s'il a finalement admis des *choses particulières,* soit pensantes, soit étendues, ce fut simplement, croyons-nous, pour échapper au panthéisme. C'est sur ce point précis qu'a porté l'effort de notre critique, et nous nous sommes particulièrement attaché à élucider ce qu'on pourrait appeler le côté nocturne de la philosophie des idées claires.

CHAPITRE PREMIER

EXISTE-T-IL UN MONDE MATÉRIEL DISTINCT ?[***]

On trouverait aisément chez Descartes les éléments d'une doctrine idéaliste, mais il nous paraît difficile de dégager de son système des arguments qui établissent avec certitude l'existence, non pas même certaine, mais simplement possible, d'un monde de corps réels et distincts.

I

DÉMONSTRATION DE L'IDÉALITÉ DES CHOSES EXTERNES

On peut prouver tour à tour que l'existence du monde extérieur n'est fondée :
A. Ni dans l'idée de ce monde.
B. Ni dans ma pensée.
C. Ni en Dieu.

A. *L'existence du monde extérieur n'est pas enveloppée dans l'idée de ce monde.*

Le monde extérieur est le monde des corps. Qu'est-ce qu'un corps ?

A première vue, le corps se confond avec sa représentation

[***] Toutes les citations sont extraites des *Œuvres de Descartes*, publiées par *Victor Cousin*.

sensible. Il est tel qu'il nous apparaît, coloré, sonore, pesant. Le corps, c'est la chose sensible.

Mais, à l'analyse, cette représentation s'évanouit, car elle peut varier à l'infini. De loin, la tour paraît ronde ; de près, on voit qu'elle est carrée. La statue qui se dresse à son faîte est colossale, et nous la croyons minuscule. Les sens externes sont donc souvent trompeurs [1].

De même pour les sens internes. Rien de plus intime que la douleur, et pourtant ceux qui sont amputés d'un bras ou d'une jambe croient souffrir dans la partie du corps qu'ils n'ont plus [2]. D'ailleurs, sensations et sentiments n'ont qu'une valeur toute relative, subjective. Le goût n'est pas une qualité plus interne dans le sel que la douleur dans une épée [3].

Mon corps même n'est peut-être qu'un rêve, une image fictive. Souvent, lorsque je dors, je le place où il n'est pas. La veille ne serait-elle pas un songe perpétuel? Je ne connais aucun critérium certain qui me permette de la distinguer clairement du sommeil [4].

Enfin, rien ne m'assure que des corps réels répondent à mes sensations, ni surtout, si de tels corps existent, qu'ils se confondent de tous points avec leurs représentations sensibles [5]. L'auteur de mon être, quel qu'il soit, Dieu ou malin génie, a peut-être employé toute son industrie à me tromper, même dans les choses qui me paraissent être les plus évidentes [6]. Il se peut donc qu'il n'existe point de choses sensibles, car la chose sensible n'enveloppe pas l'existence nécessaire.

Mais du moins, dira-t-on, il existe des choses intelligibles,

---

1. *Méth.*, 4° part., I, 157 ; *1re Méd.*, I, 237, et *6e Méd.*, I, 329 ; *Prem. princ.*, 1re part., III, 64-65 ; *Rech. de la vér.*, XI, 358 sqq.

2. *6e Méd.*, I, 330.

3. *Lettres*, VII, 402.

4. *Rech. de la vér.*, XI, 350.

5. *Prem. princ.*, 1re part., III, 111 ; *Dioptr.*, V, 41, 55 ; *Lettres*, X, 95.

6. *1re Méd.*, I, 241.

car elles apparaissent claires et distinctes. Les choses seraient, non comme elles sont, mais comme elles sont conçues. Toutes les natures particulières, mon corps, mes yeux, mes mains, etc..., n'auraient pas d'existence propre ; existeraient en soi, par contre, les natures générales, les yeux, la tête, les mains et le corps tout entier. L'image des choses serait fausse, leur essence ou idée serait vraie [1].

Toutefois l'idée, bien que purement intelligible, est encore composée ; on peut donc la résoudre en plusieurs éléments, elle n'enveloppe pas l'existence nécessaire. Seuls, ces éléments irréductibles, ces natures simples qui entrent dans la composition des choses particulières existeront, semble-t-il, nécessairement : c'est ainsi que les figures tracées par le peintre peuvent être feintes ou imaginaires, mais non pas les couleurs véritablement existantes à l'aide desquelles il les a formées. On ne doit voir dans les natures composées (les mains, les yeux, le corps humain, etc...), qu'une sorte de mélange des natures simples (la nature corporelle en général et son étendue, la figure des choses étendues, leur quantité ou grandeur, leur nombre, etc...). L'étendue ou qualité première, objet de la mathématique, existerait en elle-même et par elle-même, ainsi que toutes les déterminations intelligibles qui la constituent ; tandis qu'on verrait s'évanouir les qualités secondes et sensibles, objet de la physique et de toutes les sciences des choses composées [2].

En fait, il n'en est rien, et cette conclusion n'est pas plus légitime que la précédente. Sans doute, à la considérer en soi, intrinsèquement, l'idée n'enveloppe pas contradiction et ne se détruit pas comme l'image ; donc elle peut exister. De plus, la lumière de l'intuition et son évidence immédiate emporte notre assentiment [3]. L'idée claire et distincte désigne

1. *Ibid.*, I, 239.
2. *Ibid.*, I, 240.
3. *Reg. ad dir. ing.*, XI, 212; *Princ.*, 1ʳᵉ part., III, 71 ; 3ᵉ *Méd.*, I, 266.

une essence vraie, immuable, éternelle[1]. Mais si je l'examine sous un autre biais, je vois surgir un doute léger et, pour ainsi parler, métaphysique. L'idée ne serait-elle pas simplement une image plus pure qui m'aurait été suggérée par Dieu ou par un malin génie ? Elle ne tient pas d'elle-même sa vérité, elle la reçoit d'ailleurs ; elle ne se pose pas, elle est posée[2] ; elle n'est pas active, mais passive, elle est imprimée dans l'âme comme les figures sont empreintes dans la cire[3]. Je ne puis donc affirmer la réalité de la chose, même intelligible, en dehors de la représentation que j'en ai, car je n'atteins cette chose que dans sa *vérité*, non dans sa *réalité :* elle est, non comme elle est, mais comme elle est conçue. Je n'ai fait que substituer à une représentation obscure et confuse une représentation claire et distincte, au monde sensible un monde intelligible. Mais de ces deux mondes, ni l'un ni l'autre n'emporte avec soi la marque certaine de son existence réelle et indépendante, et c'est toujours ma seule pensée qui mesure l'être des choses[4].

Il nous faudra donc adopter une méthode différente, voire même opposée, prendre pour point de départ de notre réflexion non le corps, la chose étendue, mais l'âme, la chose pensante. Et de cette âme purement intellectuelle, nous tâcherons de déduire rationnellement la réalité du monde extérieur.

B. *L'existence des choses externes n'est pas enveloppée dans l'idée de ma pensée.*

Puis-je, en partant de la pensée, atteindre les choses ? Rien de plus douteux. Si je me confine par hypothèse dans l'idéalisme, comment parviendrai-je à en sortir ? L'entreprise paraît être doublement impossible.

---

1. 5ᵉ *Méd.*, I, 311 ; *Lettres*, VIII, 511.
2. 1ʳᵉ *Méd.*, I, 240-42.
3. *Lettres*, IX, 166.
4. 1ʳᵉ *Méd.*, I, 243-45.

Elle l'est d'abord en ce que les choses ne sont que mes modes ou façons de penser[1]. Mes sentiments et mes imaginations sont des opérations de mon âme. Sentir, c'est penser que je sens ; imaginer, c'est penser que j'imagine. Il n'y a de vraiment fondé dans ces facultés que la pensée qui les constitue[2].

En effet, l'idée de pensée ne contient la représentation d'aucune image ni d'aucune sensation étrangère, ni par suite celle d'aucun corps ou d'aucune action que ce corps exercerait sur mon âme. Il se peut donc que, de tout ce que je perçois, rien ne subsiste en dehors de ma pensée : la chose serait, non seulement telle qu'elle est perçue, mais encore tant qu'elle est perçue ; supprimez la pensée, vous supprimez les corps. Dans sa *forme*, la chose est une pure représentation de l'âme.

Elle l'est aussi dans sa *matière*. A l'analyse, celle-ci s'évanouit et se résout en pensée. Soit, par exemple, cette cire, c'est-à dire un corps particulier, déterminé, affecté de qualités secondes ou sensibles. Quelle en est la nature intime ?[3].

La cire n'est pas l'ensemble des qualités ou attributs qui la déterminent et qui paraissent la constituer, car ces qualités peuvent disparaître, la substance de la cire demeure. La cire n'est point une chose sensible, elle conserve sa nature, même si elle échappe à nos sens[4]. Son essence consiste-t-elle dans son étendue, la cire est-elle une chose étendue ? Admettons provisoirement cette définition ; toujours est-il que l'essence de la cire réside dans l'étendue que je conçois, non dans celle que j'imagine. La cire est bien quelque chose d'étendu, de flexible et de muable, mais toutes ces expressions doivent être précisées. Il ne s'agit point ici d'une étendue déterminée

---

1. 3e *Méd.*, I, 263.

2. *Princ.*, 1re part., III, 107 sqq. ; 2e *Méd.*, I, 254 ; *Lettres*, VI, 310 ; VII, 392 sqq.

3. 2e *Méd.*, I, 256.

4. *Ibid.*, I, 256-7 ; *Lettres*, X, 183, 194.

— car l'étendue devient plus grande quand la cire se fond, plus grande quand elle bout, plus grande encore quand la chaleur augmente, — ni d'un état flexible présent, ni d'un changement actuellement donné, car aucune forme particulière et déterminée, qu'elle soit ronde, carrée, triangulaire, etc..., n'épuise la réalité de cette cire. Son essence, c'est l'infinité virtuelle de toutes les variétés que ma pensée peut concevoir en elle, et elle participe ainsi à l'infinité de ma pensée[1]. La cire n'est pas seulement objet de sensation, car la sensation ne saisit dans une chose que la forme actuellement donnée, que l'image présente. Elle n'est pas seulement objet d'imagination, car l'imagination ne me laisse rien saisir, en dehors de l'image présente, sinon la possibilité de substituer à cette image donnée une autre image quelconque, différente de la première, mais particulière comme elle. Imaginer, c'est peindre l'idée dans une image, soit sensible, soit même géométrique[2]. Au contraire, l'entendement conçoit, sous l'image empirique du sens ou sous l'image pure de l'imagination, non seulement l'idée que cette image recouvre, mais encore et surtout la possibilité jamais épuisée de réaliser l'idée dans l'infinité des images. Ce qui fait de la chose une chose, et non pas seulement un mode de la pensée, ce qui la pose comme une réalité distincte, existant en elle-même, c'est l'acte de la pensée qui constitue sa substance. La perception de la cire n'est pas une vision, ni un attouchement, ni une imagination, mais seulement une inspection de l'esprit. Cette perception est en réalité une conception[3].

Ainsi, dans sa matière comme dans sa forme, la chose extérieure se confond avec sa représentation interne. L'analyse de ma pensée ne me montre en elle qu'un mode de mon âme.

Mais Descartes examine encore la question sous un autre

1. 2e *Méd.*, I, 257-8.
2. *Reg. ad dir. ing.*, XI, 296 sqq.
3. 2e *Méd.*, I, 258-9.

biais. Il s'agit de poser, outre l'existence de ma pensée, celle d'une réalité extérieure et indépendante. Or l'âme conçoit une multitude d'idées qui lui paraissent désigner des choses distinctes, étrangères à son essence. Sans doute, ces idées ne sont encore que des modes ou façons de penser [1]; mais elles sont aussi les images d'objets extérieurs. Pour expliquer la présence en moi des images, faut-il ou non admettre hors de moi l'existence des objets ?

Le passage de l'idée à la chose, de l'essence à l'existence, n'est légitime qu'en un seul cas. Il doit y avoir pour le moins autant de réalité dans la cause efficiente et totale que dans son effet. Si donc ma pensée ne peut rendre compte de la réalité contenue dans l'une quelconque de mes idées, cette idée postule une autre cause que la seule pensée, et je dois regarder cette cause comme existant en elle-même, en dehors de moi.

Je prouve ainsi l'existence de Dieu. J'ai l'idée d'un être souverainement parfait, et je suis moi-même imparfait. Donc la présence de l'idée du parfait dans la pensée de l'être imparfait exige l'existence réelle de l'être parfait [2].

En d'autres termes, l'idée de Dieu ne peut me venir que de Dieu même, car je n'ai pû me donner à moi-même cette idée, l'effet parfait ne saurait provenir d'une cause imparfaite [3].

En est-il de même des choses extérieures ? La présence en moi de leurs idées n'est-elle pas l'effet de leur existence réelle en dehors de moi ?

Tant s'en faut. Les mêmes arguments qui démontrent l'existence de Dieu prouvent l'inexistence des choses extérieures et leur idéalité. A l'idéalisme relatif de la pensée humaine, ils tendraient même à substituer l'idéalisme absolu de la pensée divine.

En effet, les choses sont ou mes pensées ou les pensées de Dieu.

1. 3ᵉ *Méd.*, I, 264-5.
2. *Ibid.*, I, 273.
3. *Ibid.*, I, 280.

Elles peuvent être mes pensées. Imparfait, je ne puis être cause de l'idée du parfait ; mais la réalité représentée dans les idées des choses extérieures n'est point si grande que je ne puisse en être la cause, soit éminente, soit formelle [1].

En effet, de ces idées les unes sont confuses, les autres distinctes. Sont confuses celles qui désignent des objets sensibles ; distinctes celles qui représentent des réalités intelligibles. Examinons-les tour à tour.

Les idées confuses ou sensibles sont si incertaines et si vagues que j'ignore même si elles sont vraies ou fausses, c'est-à-dire si elles désignent un être ou un pur néant. Je trouve en elles une certaine fausseté matérielle lorsqu'elles représentent ce qui n'est rien comme si c'était quelque chose. Ainsi le froid peut n'être qu'une privation de la chaleur, ou la chaleur une privation du froid ; peut-être existent-ils réellement tous deux, peut-être n'existent-ils ni l'un ni l'autre. Ainsi, l'idée sensible n'exige pas d'autre auteur que moi-même : si elle est fausse, elle procède du néant et n'exprime que ma déficience ; si elle est vraie, sa réalité est si faible que je ne puis distinguer la chose représentée d'avec le non-être. Dans les deux cas, c'est de moi qu'elle procède : elle est le produit, soit de ma perfection, soit de mon imperfection [2].

Quant aux idées claires et distinctes que j'ai des choses corporelles, elles se divisent en deux genres : 1° celles que j'ai pu tirer de l'idée que j'ai de moi-même, telles les idées de substance, de durée, de nombre, etc... ; j'en suis donc la cause formelle ; 2° celles qui ne conviennent qu'au corps seul et non à l'âme, telles les idées d'étendue, de figure, de lieu, etc... ; mais ce ne sont là que des modes de la substance ; or je suis moi-même une substance, donc je puis en être la cause éminente [3].

1. *Ibid.*, I, 274.
2. *Ibid.*, I, 277-79.
3. *Ibid.*, I, 279-80.

Ainsi, les choses extérieures peuvent s'expliquer par la seule pensée. Leurs idées ne proviennent pas nécessairement d'objets réels, existant en soi. Les corps sont des modes de l'âme. Les qualités sensibles, purement imaginaires et illusoires, ne traduisent que ma déficience. Les qualités premières, l'étendue géométrique et les propriétés qui la déterminent, la géométrie, la continuité des essences pures, expriment ma perfection, l'acte par lequel je me pose et me réalise. Qu'est-ce en effet que l'entendement, sinon le progrès rationnel de la pensée qui se confond avec la science ? Si l'on supprime idéalement toutes les essences intelligibles qui forment en quelque sorte la matière de l'âme, il ne reste que l'acte pur et vide par lequel elle se pose. Or cet acte, n'enveloppant aucune multiplicité, n'enveloppe par là même aucune représentation et aucune réalité. Chez Kant, la pensée formelle n'exprimera que la possibilité de l'expérience, le cadre dans lequel elle devra rentrer; chez Descartes, la pensée substantielle et matérielle enveloppe la réalité même des choses. Le monde n'est qu'une vérité; le monde, c'est l'entendement actualisé.

On prouve ainsi à nouveau l'idéalité des choses externes. Ou le monde est le rêve sensible de l'imagination, ou il est le rêve intelligible de la raison. Ou il est une représentation fausse, ou il est une représentation vraie, mais dans l'un et l'autre cas il n'est jamais qu'une représentation.

C. *L'existence du monde extérieur n'est pas enveloppée dans l'idée et dans l'existence de Dieu.*

Une seule issue s'offre à nous. Puisque je ne puis prouver l'existence des choses extérieures ni en partant de leurs idées, ni en partant de ma pensée, il reste que je m'efforce de la fonder en Dieu. Nous devrons rechercher si de l'idée et de l'existence de Dieu on peut déduire nécessairement l'existence des choses externes, si, en posant l'existence de Dieu, notre pensée pose du même coup l'existence d'un monde extérieur et surtout si, en se posant, Dieu pose du même coup l'existence d'un tel monde. Si la réponse à ces questions est négative, nous conclucrons que l'existence du monde extérieur *(en admettant qu'il existe)* est contingente, fortuite, incompréhensible, *irrationnelle*, qu'elle ne peut se déduire d'aucun principe, qu'elle n'est susceptible d'aucune preuve, qu'elle procède d'un acte libre. Le monde extérieur serait alors le produit d'un *miracle;* son existence serait certaine, mais sans fondement intelligible, il existerait *en dehors de l'être et de la raison*.

Or, on peut aisément prouver, non seulement que l'idée de Dieu ne contient la représentation d'aucune existence extérieure et distincte, mais encore, pour peu qu'on approfondisse la pensée cartésienne, qu'une telle conception est contradictoire, et que nous sommes inévitablement conduit à des conclusions panthéistiques.

Nous établirons tour à tour que l'existence des choses extérieures ne peut être déduite :

A. Ni des arguments qui prouvent l'*existence* de Dieu.
B. Ni des attributs qui constituent son *essence*.

A. On ne peut déduire l'existence des choses extérieures de l'existence de Dieu.

Remarquons d'abord que Descartes n'est jamais, dans aucun de ses ouvrages, parti de l'existence, même hypothétique, du monde extérieur, pour s'élever à l'existence de Dieu. Il n'a pris comme point de départ de sa réflexion ni l'expérience indéterminée, c'est-à-dire l'idée d'une existence extérieure quelconque, pour remonter de l'effet contingent à la cause nécessaire ; ni l'expérience déterminée, c'est-à-dire une réalité particulière manifestant des traces de sagesse ou de finalité, pour conclure de l'œuvre à l'artisan. Tout au contraire, il proscrit toute idée de finalité, comme purement humaine et contradictoire à la perfection divine[1], et lorsqu'il

1. 4ᵉ *Méd.*, I, 297; *Princ.*, 1ʳᵉ part., III, 81; *Lettres*, VIII, 280; IX, 231-32.

postule la causalité efficiente pour remonter du contingent au nécessaire, l'existence qu'il pose est celle de l'âme pensante, non celle du monde extérieur ou même de mon propre corps [1].

Si donc il est possible de redescendre logiquement de Dieu au monde (comme le fait Descartes dans ses *Méditations*), par contre il apparaît illogique de remonter du monde à Dieu. Il est évident que, s'il existe un monde, il est un produit de la puissance divine, mais une telle existence n'est nullement nécessaire. Le lien qui unit le monde créé au Dieu créateur est un lien contingent et en quelque sorte artificiel [2]. Quels sont en effet les arguments invoqués par Descartes ? L'un, qu'on peut appeler l'argument *a posteriori*, encore qu'il soit purement intellectuel, s'élève de l'existence de l'âme à l'existence de Dieu ; l'autre, qui est absolument *a priori*, tire l'existence de Dieu de l'essence de Dieu. Tous deux s'accordent sur un point : non seulement ils ne permettent pas de conclure à l'existence d'un monde extérieur, mais encore, si on les analyse, ils interdisent de poser une telle existence. Nous les étudierons tour à tour.

α. *L'argument tiré de la contingence de la pensée ne permet pas de conclure à l'existence du monde extérieur.*

Nous avons déjà mis en lumière le principe et, pour ainsi dire, le nerf caché de cet argument. L'idée n'a qu'une réalité purement objective ou représentative, mais cet être objectif n'est pas un pur rien, il ne vient pas du néant et n'est possible que par l'existence d'une cause actuelle contenant une réalité au moins égale à celle qu'il représente. Donc l'idée qui me représente l'être infini ne peut avoir d'autre cause que l'infini en acte, c'est-à-dire Dieu. Donc enfin Dieu existe, puisque seul il peut être cause de la présence en moi de son idée.

1. 3ᵉ *Méd.*, I, 284 sqq.; *Méth.*, I, 160-61.
2. *Princ.*, 1ʳᵉ part., III, 86; *Lettres*, IX, 165.

Mais, par hypothèse, cette idée doit être mise hors de pair, elle est sans commune mesure avec toutes les autres. Seule, en effet, l'infinité de l'être qu'elle représente postule l'existence actuelle de cet être. La substance infinie, étant plus réelle que la substance finie, constitue celle-ci et la précède : Dieu est comme la substance de ma substance ; j'ai la perception de l'infini avant celle du fini, l'intuition de Dieu avant l'intuition de moi-même [1]. Ainsi, dans l'acte par lequel je me pose comme substance pensante, je pose déjà virtuellement Dieu, c'est-à-dire la pensée portée à sa plus haute perfection, affranchie de toute limite. Je conçois cette ressemblance, dans laquelle l'idée de Dieu se trouve contenue, par la même faculté par laquelle je me conçois moi-même [2].

Il n'y a donc point là deux choses distinctes, qui soient posées l'une après l'autre, mais une seule et même réalité idéale où la pensée se saisit et saisit Dieu dans un même acte d'intuition indivisible. Je pense, donc je suis. Je pense, donc Dieu est, car Dieu est proprement ce qui pense dans ma pensée. La pensée se pose d'abord comme un fait, momentané et contingent ; puis comme un droit, absolu et éternel. Au premier moment, elle est elle-même ; au second, elle est Dieu. Il n'y a point là, à vrai dire, une preuve, une démonstration en forme de l'existence de Dieu ; il n'y a qu'une intuition, une appréhension immédiate de l'être par moi et, en moi, de l'être par soi.

Mais, nous le voyons, cet acte initial et indivisible de la pensée qui se pose elle-même et qui, du même coup, pose Dieu, ne contient pas la représentation d'un monde extérieur, c'est-à-dire d'un être qui, par essence, resterait étranger à l'être. Il y a plus. Descartes affirme à maintes reprises que l'idée de Dieu ne contient aucune représentation d'espace, c'est-à-dire d'extériorité [3]. Étant déduit de la pure pensée,

1. 3ᵉ *Méd.*, I, 281
2. *Ibid.*, I, 290.
3. *Rép. aux* 5ᵉˢ *Obj.*, I, 425 ; *aux* 5ᵉˢ *Obj.*, II, 210 sqq., 293 sqq. ; *Lettres*, X, 196 sqq., 237 sqq.

Dieu ne peut être que pure pensée et même (nous le montrerons par la suite) pure pensée qui ne contient aucune représentation d'un monde distinct. Dieu, pour Descartes, ne se définit que par l'âme et non par le corps ; il est substance pensante et non substance étendue.

β. *L'argument ontologique ne permet pas de conclure à l'existence du monde extérieur.*

Dieu se réalise en vertu de son essence et de la puissance qu'elle contient. Toute idée vraie est une nature immuable et éternelle qui enveloppe l'existence possible. Par suite, l'idée vraie de la perfection suprême enveloppe l'existence nécessaire, l'existence étant elle-même une perfection. Un Dieu simplement conçu et non réalisé, serait un Dieu imparfait, ne serait pas Dieu, nierait sa propre essence. En lui, l'essence se confond avec l'existence ; l'essence de Dieu, pourrait-on dire, c'est d'exister[1]. Mais en ce cas la perfection suprême ne peut rien concevoir en dehors d'elle qui existe d'une existence nécessaire, ni peut-être même d'une existence contingente. Etant adéquat à son être, Dieu sera par là même adéquat à tout l'être, car il épuise l'être en son infinité. En tout cas, l'argument ontologique ne prouve pas l'existence d'un Dieu créateur, mais seulement celle d'un Dieu qui se suffit pleinement à lui-même, sans qu'il y ait lieu de supposer en dehors de son essence aucune autre réalité distincte, soit créée, soit même simplement conservée par l'effet de sa puissance.

Ainsi, les arguments qui prouvent l'existence de Dieu ne nous autorisent pas à admettre l'existence d'aucune chose extérieure.

B. *De l'idée de Dieu on ne peut tirer aucune affirmation touchant l'existence du monde extérieur.*

L'étude de l'essence divine nous conduit aux mêmes conclusions. En effet, cette essence n'enveloppe ni la représenta-

---

1. 5ᵉ *Méd.*, I, 312 sqq.; *Princ.*, Iʳᵉ part., III, 72.

tion de l'*étendue*, c'est-à-dire d'un *monde idéal* qui se confondrait avec Dieu, ni celle de la *création*, c'est-à-dire d'un *monde réel* qui se distinguerait de Dieu.

α. *L'étendue n'est pas représentée dans l'essence divine.*

Dieu est pour Descartes une substance infinie, éternelle, immuable, indépendante, toute connaissante, toute puissante, et par laquelle moi-même et toutes les autres choses qui sont (s'il est vrai qu'il y en ait qui existent) ont été créées et produites[1]. Si nous réservons ce dernier point, il reste que le Dieu cartésien est l'infini en acte[2]. Il enveloppe toutes les perfections. *Per substantiam infinitam intelligo substantiam perfectiones veras et reales actu infinitas et immensas habentem*[3]. L'idée de Dieu est donc la négation du fini. Mais le corps est le signe de la finité, car l'étendue, bien qu'elle soit en elle-même infinie (ou plutôt indéfinie) peut toujours être divisée en parties finies[4]. L'infinité constitue donc Dieu dont elle est l'essence, tandis que l'indéfinité ne constitue pas le monde dont elle n'est qu'un accident[5].

Si nous nous figurions Dieu sous la forme d'un corps matériel et étendu (en admettant même que cette étendue demeurât purement idéale et intelligible), nous introduirions en lui la divisibilité, nous le transformerions en un objet d'imagination, ce qui est contradictoire à son essence[6]. Dieu, comme l'âme, consiste en un acte un et indivisible[7], tandis que l'objet d'imagination peut être divisé par la pensée en plusieurs parties distinctes.

1. 3e *Méd.*, I, 280.
2. *Lettres*, VI, 109.
3. *Lettres*, X, 341.
4. *Lettres*, VIII, 385-86 ; X, 197, 200, 237.
5. *Princ.*, 1re part., III, 79-81 ; *Lettres*, X, 45-46, 201 sqq, 240-41, 341.
6. *Princ.*, 1re part., III, 78 ; *Rép. aux 1res obj.*, I, 386-87 ; *Lettres*, VIII, 526, X, 97-98.
7. *Princ.*, 1re part., III, 17-18, 97 ; *Lettres*, VIII, 58 ; *Manuscrit de Gœttingen*, 19.

Ce n'est pas qu'en un sens il n'y ait une relation entre Dieu et l'étendue, car celle-ci est une substance réelle et non pas une simple fiction, et Dieu est la réalité suprême, l'être des êtres. Mais ce que contient l'essence divine, ce n'est pas *l'étendue de substance* qui répugne à sa nature, c'est *l'étendue de puissance* ou plutôt *l'étendue en puissance*, c'est-à-dire un pouvoir d'extension proportionné tantôt à une plus grande, tantôt à une moindre partie de la substance corporelle [1]. En d'autres termes, Dieu est partout à raison de sa puissance, mais à raison de son essence il ne supporte aucune relation avec le lieu. Dire de Dieu qu'il est infini, c'est dire qu'il est plus grand que le monde, non par l'étendue, mais par la perfection ; et c'est pourquoi nous réservons au monde, non le nom d'infini, mais celui d'indéfini ou d'indéterminé.

Le corps, intrinsèquement considéré, n'est pas autre chose que le schème de la divisibilité à l'infini. Or Dieu (tout comme l'âme dont il n'est que l'idée élevée à l'absolu et dégagée de toutes ses limites) ne peut contenir aucune multiplicité. Le corps répugne à la nature de Dieu qui ne saurait l'envelopper, même idéalement. Dieu rend sans doute raison du corps, mais comme la cause rend raison de l'effet, éminemment et non formellement. Étant moins la réalité d'une chose, d'une matière, que celle d'un acte, Dieu ne retient en soi aucune pluralité, et c'est même altérer sa nature que de reconnaître en elle une distinction entre ses facultés. L'entendement divin et la volonté divine ne diffèrent qu'au regard de notre façon de penser, mais nullement en soi, *ne quidem ratione* [2].

Ainsi l'idée de Dieu ne contenant pas d'éléments étendus ne nous permet aucune conjecture concernant la réalité ni même la possibilité d'aucun corps.

β. *La création n'est pas représentée dans l'essence divine*

On prouverait en même façon que l'essence divine ne

---

1. *Lettres*, X, 196 sqq., 237 sqq.
2. *Lettres*, VI, 132, 308 ; IX, 172.

contient pas la représentation d'une création possible. Celle-ci dépend uniquement de la puissance divine, et, cette puissance étant par hypothèse infinie, il s'ensuit qu'en effet, s'il existe un monde, ce monde a été créé par Dieu. Mais nous ne saurions affirmer que, Dieu étant posé, le monde suit. Son existence est contingente, arbitraire même; elle dépend d'un décret divin, qui est ou du moins qui paraît être libre. Le monde est, qui pourrait ne pas être, il ne se déduit pas plus de Dieu que les lois du mouvement qui le déterminent [1]. Descartes veut toujours maintenir une distinction originaire, une hétérogénéité radicale entre le créateur et les choses créées. Dieu n'est pas le monde, parce qu'on conçoit tout autre chose en l'un qu'en l'autre et parce que de la différence entre les idées suit la distinction entre les réalités désignées par ces idées [2]. Autrement dit, bien que Dieu soit le principe des lois du mouvement dont sa volonté immuable et éternelle nous garantit seule la constance, on ne peut appeler le mouvement un mode de Dieu. D'ailleurs, Descartes n'insiste pas longuement sur les considérations de cet ordre, il se contente de les effleurer et il se garde bien d'instituer un débat sur ce point, pour ne pas sembler favoriser le sentiment de ceux qui considèrent Dieu comme l'âme du monde unie à la matière [3] et pour éviter les conséquences panthéistiques auxquelles il risquerait d'être entraîné malgré lui.

Donc enfin, dans l'essence divine ne sont représentées ni l'étendue ni la création, et par suite l'existence du monde extérieur ne semble reposer sur aucun fondement.

Si maintenant nous approfondissons la doctrine cartésienne pour en dégager l'esprit véritable, nous aboutissons à des conséquences inattendues, très voisines du panthéisme, et qui nous font voir dans le monde extérieur, en tant du moins

---

1. *Le Monde*, IV, 246 sqq.; *Lettres*, VIII, 496; IX, 340.
2. *Lettres*, VIII, 435.
3. *Lettres*, X, 294.

qu'il conserve une réalité, un simple mode de Dieu. Et d'abord, comment comprendre la création dans cette philosophie intellectualiste ? Comment l'être pourrait-il poser en dehors de soi un monde qui ne serait pas son être ? A cette objection décisive, Descartes n'oppose aucune réponse. Il lui suffit de postuler l'*incompréhensibilité* divine en déclarant que c'est un sacrilège, non seulement de la nier, mais même de la discuter [1]. Pourtant la doctrine de la création continuée jette quelque lumière sur le débat.

Il ne suffit pas, d'après Descartes, d'une création unique, faite par Dieu une fois pour toutes ; Dieu ne cesse de créer le monde, la conservation est une création continuée, elle ne diffère de la création qu'au regard de notre façon de penser. En Dieu, perfection suprême actualisée, toute relation de durée et toute idée de divisibilité s'évanouit. C'est par un seul et même acte que Dieu pose l'univers et qu'il le conserve, car les volontés divines sont immuables et éternelles [2].

Mais que devrons-nous trouver au terme de cette démonstration, sinon l'évanouissement naturel et nécessaire de toute idée de création ? La création devient un pur mirage qui dans l'entendement divin se confond avec l'intuition. Pour Dieu, voir et créer ne font qu'un. Les choses sont parce qu'il les conçoit, et telles qu'il les conçoit. Descartes n'en fait-il pas l'aveu à maintes reprises [3] ? C'est toujours par une même et très simple action que Dieu entend, veut et fait tout [4]. Prouver que Dieu existe, c'est établir en même temps qu'il est le créateur de toutes choses comme aussi de tous les modes qui constituent son essence. Autrement dit, il paraît impossible d'admettre dans le cartésianisme l'existence simultanée et distincte de Dieu et du monde. Au terme de l'analyse, ces deux réalités se fondent en une seule.

1. *Lettres*, VI, 110 ; VII, 278, 437.
2. 3º *Méd.*, I, 286 ; *Méth.*, I, 172-73 ; *Lettres*, VIII, 276-78.
3. *Lettres*, VI, 109-10, 131 sqq, 170 sqq, 307 sqq ; VII, 142 ; IX, 165.
4. *Princ.*, 1re part., III, 78.

Quelle est la réalité du monde extérieur ? Il est une vérité logique qui se confond avec la déduction de l'essence divine. Dieu est avant tout puissance infinie, c'est-à-dire infinie liberté; en lui, la puissance précède et prédétermine l'être, l'existence précède et pose l'essence. Dieu est ce qu'il veut être. C'est par un acte originaire de cette infinie liberté que la volonté divine se convertit en un entendement divin, à la fois forme et matière des vérités éternelles. Et cet acte immuable par lequel Dieu constitue son essence pose du même coup ce que nous appelons le monde et qui n'est en réalité que l'entendement infini prenant conscience de tout ce qu'il contient.

Approfondissons la nature de cet acte. Dieu est pure pensée, c'est-à-dire pensée infinie donnée à elle-même en dehors de tout objet extérieur. Lorsque je conçois l'être ou ce qui est, je conçois l'être dans son infinité et dans son immensité, c'est-à-dire Dieu avant moi-même. Dieu est l'âme qui, lorsqu'elle tourne sa pensée uniquement sur soi, se saisit adéquate, telle qu'elle serait si elle était adéquatement réalisée[1]. Mais la pensée enveloppe une dualité que Descartes a mise en lumière : elle se pose et elle est posée. En tant qu'elle se pose, l'âme est volonté libre et infinie ; en tant qu'elle est posée, elle est entendement passif et fini[2]. Mais lorsque l'âme est posée exactement telle qu'elle se pose, c'est-à-dire lorsque l'entendement est adéquat à la volonté, elle devient infinie perfection, elle est Dieu.

Dieu est donc la science universelle qui se confond avec l'universelle réalité. Il est la géométrie en acte, la vérité éternelle de l'étendue, la loi par laquelle l'étendue se donne l'existence. Déjà pour Descartes, comme plus tard pour Leibniz, le monde est le calcul de Dieu, et ce calcul ne fait qu'un avec l'essence divine. Les choses sont les idées de Dieu : comment se distingueraient-elles de la représentation

1. *Méth.*, 4e part., I, 161 ; *Lettres*, VIII, 58 ; X, 97 sqq.
2. 4e *Méd.*, 1, 298 sqq.

divine pour former un univers extérieur réel et indépendant ?
On peut aller plus loin : les choses ne peuvent avoir un genre
de réalité supérieur à celui d'un mode de l'entendement
divin. Elles sont, selon le mot de Bossuet, parce que Dieu
les voit, elles sont cette vision même. Disons plus encore :
elles sont parce que Dieu *se* voit, parce que la puissance
infinie de Dieu se réalise en un entendement infini dont le
vrai nom est la science ou le monde intelligible. Et cette conclusion paradoxale est vraie, elle est la vérité suprême :
l'idéalisme divin, c'est le réalisme absolu. *Être perçu* (ou plutôt *être conçu*) *c'est être*, lorsqu'il s'agit de la perception ou
de la conception de l'être souverainement parfait.

Mais, dira-t-on peut-être, dès l'instant que le corps se
résout en une pure pensée, cette pensée du corps reste absolument libre. Dieu peut penser ou le monde des corps ou un
monde différent, comme il peut aussi n'en penser aucun. Il
n'est point un Jupiter asservi au Styx ou aux Destinées[1].

Le monde est donc contingent, non seulement dans
son existence, mais aussi dans son essence. Les
vérités éternelles sont telles que Dieu les a voulues. La possibilité ne précède pas la puissance, elle la suit. Il n'est rien
que Dieu ne puisse accomplir et la contradiction n'est pas
une limite qui soit imposée à son essence, c'est-à-dire à sa
puissance.

Rien de plus juste, mais cette argumentation n'est pas
poussée assez loin. Ce qui est vraiment libre, ce n'est pas
Dieu à l'égard du monde, c'est Dieu à l'égard de lui-même.
Est contingent, non le monde, mais Dieu. Car le monde se
confond avec la dialectique interne de l'entendement divin,
avec le développement des idées éternelles ; le monde, c'est
Dieu en tant qu'il se veut, c'est donc Dieu en tant qu'il se
voit. On ne saurait détacher le monde de l'acte qui le crée.
Cette action toute pure et toute simple qui rend la volonté
adéquate à l'entendement rend *a fortiori* le monde adéquat à

---

1. *Lettres*, VI, 109-10.

Dieu, le pensé adéquat à la pensée, la chose adéquate à l'idée. L'étendue intelligible constitue le Dieu de Descartes avant de constituer le Dieu de Malebranche. Dieu n'est pas étendu, mais l'étendue est Dieu, elle est, pour ainsi parler, Dieu rendu visible et sensible à lui-même.

Ainsi la création continuée, c'est au fond la création supprimée. Car l'acte par lequel Dieu conserve le monde est le même que l'acte par lequel il le crée, et l'acte par lequel il le crée est le même que l'acte par lequel il le voit. On accorde implicitement par là que le monde est l'objet d'une intuition éternelle qui se confond avec l'essence divine, puisque cette essence même ne fait qu'un avec l'existence qu'elle réalise sous la forme de ce monde.

En d'autres termes, le monde devient nécessaire au moment même où Dieu se pose, car Dieu ne peut se poser que sous la forme des essences éternelles dont l'ordre et le progrès manifestent la réalité des choses. Le monde est enveloppé dans l'essence divine comme la vérité éternelle de Dieu, et l'essence divine n'est pas autre chose que la vérité éternelle du monde en tant que monde intelligible ; aussi, parler d'un monde distinct, expressément créé par Dieu, c'est au fond parler un langage contradictoire. Un tel monde, à le prendre en soi, n'a pas de sens ; c'est au mieux s'il représente quelque chose à notre imagination, qui, pour satisfaire aux nécessités pratiques de l'existence, réalise le faux sous la forme du vrai; mais, du point de vue de la raison, c'est un pur néant. Le monde perçu par l'imagination est à peu de chose près ce que Kant entend par la *réalité empirique* dont il reconnaît tout aussitôt l'*idéalité transcendantale*. Le monde de l'imagination est au monde de l'entendement ce que le phénomène est au noumène. L'étendue figurée sous l'aspect d'une chose n'est que le signe ou le symbole de l'étendue conçue sous l'aspect d'une loi, elle transforme cette étendue purement idéale en une matière à la fois réelle et point vraie. Nous entrevoyons ici un des points les plus obscurs du cartésianisme. L'étendue est-elle objet d'entendement ou objet d'imagination ? L'auteur paraît avoir eu sur ce problème une conception sinon contradictoire, du moins hésitante ; selon qu'on l'envisage, l'étendue ressortit à l'une ou à l'autre de ces deux facultés. C'est la raison pour laquelle M. Pierre Boutroux, dans son livre sur l'*Imagination et les Mathématiques selon Descartes*, distingue avec beaucoup de peine la *Mathématique intellectuelle* de la *Mathématique imaginaire*. Au fond, cette distinction de fait entre les deux mondes, entre les deux étendues, entre les deux mathématiques, revient à distinguer l'univers conçu par l'entendement comme existant en Dieu, et comme se confondant avec l'essence divine, de l'univers perçu par les sens qui, bien qu'il soit logiquement faux, nous est pourtant donné comme réel et comme distinct à la fois de notre entendement et de Dieu. Nous retrouverons plus bas et nous tâcherons de préciser et, s'il est possible, de résoudre cette difficulté.

Ainsi donc, si l'on examine les arguments qui établissent l'existence de Dieu et qui déterminent ses attributs, on voit qu'ils sont impuissants à prouver l'existence d'un monde distinct, fût-il même purement intelligible. Le monde, dans la mesure où sa représentation enveloppe quelque chose de réel et n'est pas un pur néant, n'est que l'idée que Dieu a de lui-même lorsqu'il se pense comme entendement, comme forme des essences intelligibles.

Finalement, le monde extérieur ne trouve de fondement ni en lui même, ni en moi, ni en Dieu. La philosophie intellectualiste ne peut voir dans les corps que des modes, soit de ma pensée, soit de la pensée divine. Mais Descartes, à l'aide d'un artifice dialectique, réintroduira dans sa doctrine l'idée de choses externes réelles et tentera d'échapper aux conséquences qui les conduisent logiquement au panthéisme.

CHAPITRE II

LE MONDE INTELLIGIBLE. — LA VÉRACITÉ DIVINE ET L'ESSENCE DES CORPS.

L'ordre suivi par Descartes dans les *Méditations* est rigoureusement logique jusqu'à ce qu'il ait prouvé l'existence de Dieu ; il devient ensuite plus arbitraire et plus artificiel.

Je pars du doute universel pour m'élever à la pensée qui est la forme et l'enveloppe du doute, et je pose ainsi mon existence comme chose pensante ; puis, de ma pensée qui se confond avec mon être, je remonte à Dieu, pensée absolue, parfaite, enveloppe et forme de ma propre pensée. Cette sorte de dialectique ascendante conduit Descartes au principe de la déduction qu'il veut entreprendre. Car Dieu n'est au fond, dans l'esprit véritable du cartésianisme, qu'une sorte de principe métaphysique. Nous en trouvons une preuve dans l'appendice dont Descartes a fait suivre ses réponses aux deuxièmes objections ; le premier théorème établit l'existence de Dieu[1]. Tout le contenu des deux premières *Méditations*, tout ce qui concerne le doute et la pensée n'est présenté que sous forme de *Définitions*, *Axiomes* et *Postulats;* Descartes poursuit sa démohstration de l'existence de Dieu, comme le fera plus tard Spinoza, *more geometrico*, et il débute même par l'argument ontologique[2]. Il semblerait donc que le terme logique de la déduction entreprise fût, non pas l'existence réelle d'un monde extérieur distinct, mais l'identification de l'univers et de l'entendement divin. Dieu étant posé, le

---

1. *Rép. aux 2ᵉˢ obj.*, I, 451 sqq.
2. *Ibid.*, I, 460 sqq.

monde suit. Mais telle n'est pas, tant s'en faut, la pensée de Descartes, et l'auteur, pour échapper à cette conséquence, interrompt brusquement le cours de sa démonstration, affirme l'existence d'un monde créé, et, pour justifier cette existence, la rattache à Dieu par le lien purement artificiel de la véracité divine. C'est ici qu'on peut saisir, croyons-nous, en même temps que le nerf caché de l'argumentation cartésienne, le sophisme enveloppé qu'elle recouvre. Nous voudrions essayer de le mettre en lumière.

L'objectif essentiel de Descartes, c'est d'éviter toute controverse touchant la nature de Dieu et les attributs divins. Aussi, dès le début de la *cinquième Méditation*, réserve-t-il pour un examen ultérieur l'étude de cette question [1].

Déjà, dans la *quatrième Méditation*, il interrompait l'ordre logique de sa déduction afin d'établir, non pas l'existence réelle des choses externes, mais simplement les conditions générales de la certitude [2]. De même, il postule sans cesse l'incompréhensibilité divine, pour écarter les problèmes qui touchent aux mystères de la religion, pour éviter toute controverse sur la nature du lien qui unit Dieu et le monde [3].

On comprend aisément la raison de cette attitude. Pour Descartes, Dieu n'est pas le *principe* de la déduction entreprise, il n'en est que la *garantie*. Le Dieu cartésien, c'est au fond la possibilité de la science réelle ou (au sens où nous entendons le mot) objective. Aussi, entre cette science et Dieu, le lien ne saurait être nécessaire, il ne sera que contingent, artificiel. Le monde existe, qui pourrait ne point exister [1]. Le rapport qu'il soutient avec Dieu n'est pas une liaison logique de principe à conséquence, mais une liaison à la fois inintelligible et réelle de cause à effet ; car on retrouve au

---

1. 5e *Méd.*, I, 310.
2. 4e *Méd.*, I, 293 sqq.
3. *Princ.*, 1re part., III, 87 sqq.; *Lettres*, V, 110, 32 sqq. ; VIII, 273 sqq, 278, 437.
1. *Lettres*, VIII, 277-78, 496 ; IX, 340.

sein de l'effet des éléments nouveaux, irréductibles, que ne contenait point la cause. L'intervalle qui sépare Dieu et la nature est tel que nous ne saurions de l'un tirer l'autre. Dieu prête son concours ordinaire à la nature et la laisse simplement agir suivant les lois qu'il a établies *a priori*[1]. S'il l'avait voulu, il aurait pu créer un monde plus ou moins parfait que le monde actuel[2]. La toute-puissance que Dieu a sur l'univers est très absolue et très libre[3]. Étant déjà complètement indifférent à l'égard des vérités éternelles[4], *a fortiori* le sera-t-il à l'égard du monde créé.

L'incompréhensibilité et la liberté divines jettent comme un voile épais sur l'idée de Dieu, et à la faveur de cette obscurité, Descartes pourra éviter de tomber dans le panthéisme. En effet, c'est par suite d'une nécessité interne que la substance infinie se développe dans la série de ses modes finis; tandis que, d'après Descartes, elle est absolument libre à l'égard du monde : la création dépend d'un décret divin, Dieu pose l'univers par un acte de pur arbitraire.

De là suivent tous les postulats, implicites ou formulés, de la doctrine cartésienne. Entre tous, signalons celui qui fonde la distinction réelle de l'âme et du corps sur la distinction idéale de leurs concepts[5]. Descartes pose deux substances, tandis que Spinoza ne voit en eux que deux attributs d'une substance unique.

Ce qui constitue proprement Dieu comme tel, c'est l'infinité. Or, il est de la nature de l'infini de ne pouvoir être épuisé par le fini. Donc on concevra Dieu, on ne le comprendra pas ; ma pensée l'atteint, elle le touche, elle ne l'embrasse

1. *Méth.*, I, 168-70.
2. *Lettres*, IX, 165.
3. *Princ.*, 1re part., III, 86.
4. *Lettres*, VI, 109 sqq., 131 sqq., 307 sqq. ; VII, 142 sqq.; IX, 163 sqq., 170 sqq.; X, 163-64, 199-200.
5. *Méth.*, I, 158 ; *Princ.*, 1re part., III, 67, 96 sqq., 105 sqq. ; *Abr. des Méd.*, I, 229-30; *Lettres*, VII, 389 ; IX, 231.

pas [1]. La preuve la plus forte que nous ayions de l'incompréhensibilité divine, c'est le fait de la création. Celle-ci ne tombe pas sous les prises de notre entendement et il serait impie de vouloir scruter les desseins impénétrables de Dieu, de prétendre pénétrer le mystère des causes finales [2]. Tout au plus pouvons-nous être assurés que Dieu conduit tout à sa perfection, pourvu que nous considérions les choses dans leur ensemble et non chacune en particulier [3], et nous savons d'autre part que rien ne peut subsister sans le concours de Dieu [4].

Il suffit donc à Descartes, pour démontrer l'existence du monde extérieur, *dans la mesure où* l'on peut tenter cette démonstration, d'établir tour à tour les points suivants :

1º Toute idée claire et distincte est vraie et, par suite, enveloppe l'existence possible, à défaut de l'existence nécessaire.

2º Nous avons une idée claire et distincte des corps comme choses étendues et, par suite, les corps peuvent exister en tant qu'objets de la géométrie.

3º Enfin, comme Dieu n'est pas trompeur et qu'il nous inspire une croyance invincible à l'existence de ces corps, ceux-ci existent réellement en tant que réalités mathématiques.

Descartes développe cette démonstration dans la *quatrième* et surtout dans la *cinquième Méditation*. Dans la *sixième*, il agite une question encore plus délicate : quel genre et quel degré de réalité convient-il d'accorder au monde de l'imagination et au monde des sens ? En d'autres termes, quelle est la nature des rapports qui unissent l'idéal et le réel, l'intelligible et le sensible, l'abstrait et le concret ? Nous verrons que, dans le cartésianisme, les corps, en tant qu'intelligibles, sont vrais sans être réels; en tant qu'imaginaires, sont réels

---

1. *Princ.*, 1re part., III, 75-76 ; *Lettres*, VIII, 273 sqq.
2. 4e *Méd.*, I, 297 ; *Princ.*, 1re part., III, 81 ; *Lettres*, VIII, 280 ; IX, 231-32.
3. 4e *Méd.*, I, 297-99 ; *Lettres*, VI, 309.
4. *Méth.*, I, 168 ; *Lettres*, VIII, 276.

sans être vrais ; enfin, en tant que sensibles, ne sont ni vrais ni réels, mais ont un mode d'existence ambigu, une existence symbolique ou représentative. Ce sont ces différents points dont il nous faut maintenant aborder l'étude.

I

TOUTE IDÉE CLAIRE ET DISTINCTE ENVELOPPE L'EXISTENCE POSSIBLE

Notre esprit est formé d'un nombre infini d'idées, car si on l'entend dans son acception la plus large, l'idée désigne tout ce qui peut être en notre pensée [1], tout ce que l'âme peut imaginer, sentir, percevoir ou comprendre [2]. Mais les idées désignent différents objets, dont les uns sont purement intellectuels, d'autres purement corporels, d'autres, enfin, composés d'éléments intellectuels et d'éléments corporels.

Descartes les classe en *adventices, factices* et *innées* [3]. Seules d'ailleurs celles qui sont innées méritent proprement le nom d'idées, car elles sont conçues par l'âme même et non point forgées par l'homme tout entier, c'est-à-dire par le composé. Seules, par conséquent, elles me représentent des essences vraies, immuables, éternelles [4].

Au contraire, les idées factices ou adventices qui me viennent des sens ou qui sont formées d'éléments sensibles ne sont en moi que comme des images peintes dans la fantaisie corporelle [5], donc dépendent de l'existence réelle de mon corps [6] et n'enveloppent point en soi l'existence nécessaire

1. *Lettres*, VIII, 510.
2. *Ibid.*, VIII, 525.
3. 3ᵉ *Méd.*, I, 268-69 ; *Lettres*, X, 340-41.
4. *Rép. aux 5ᵉˢ obj.*, II, 289 ; *Lettres*, VIII, 510 sqq.
5. *Rép. aux 2ᵉˢ obj.*, I, 452, 459 ; et *aux 5ᵉˢ obj.*, II, 264-65, 268-69.
6. *Reg. ad dir. ing.*, XI, 265 sqq. ; *Lettres*, VIII, 525.

(car mon corps pourrait ne point exister) ni peut-être même l'existence possible (car ce corps pourrait bien n'être qu'un simple mirage). Ainsi, rien de plus douteux que la réalité de l'image : le froid et le chaud sont-ils vrais, sont-ils faux [1] ?

Mais il n'en est pas de même des idées claires et distinctes : elles ont une réalité certaine, évidente, d'abord la réalité de l'âme qu'elles constituent et qui se confond avec elles (car il n'y a pas plus de différence entre l'âme et ses idées qu'entre la cire et les figures qui y sont gravées [2]), ensuite une réalité *sui generis*, irréductible, propre à chacune d'elles. En effet, une idée quelconque, lorsqu'elle ne se laisse pas résoudre en éléments plus simples, est proprement un individu, ce que Spinoza appelle une *essentia particularis affirmativa*, un tout indivisible qui ne résulte pas d'une abstraction, mais qu'on saisit en lui-même, directement, sans faire appel à aucun intermédiaire [3] ; l'idée est donc une chose réelle qui vient de Dieu [4]. De plus, l'idée est générale, non par essence, mais par accident. Les universaux n'existent que dans l'esprit et ne sont que des noms. Ils se font de cela seul que nous nous servons d'une même idée pour penser à plusieurs choses particulières qui ont entre elles un certain rapport [5]. Le monde des idées est un monde d'êtres réels, actuels, indépendants à la fois et des choses extérieures et de mon entendement. Une idée quelconque est immédiatement connue telle qu'elle est en elle-même, par un acte originaire de l'esprit, par l'intuition, et non par le *genre prochain*, la *différence spécifique* et la définition logique [6]. L'idée est donc un être idéal, c'est-à-dire ce qu'il y a de plus réel.

L'idée peut donc exister, exister en soi et par soi. Elle

1. 3º *Méd.*, I, 281-82.
2. *Lettres*, IX, 166.
3. *Princ.*, 1ʳᵉ part., III, 68 sqq. ; *Lettres*, VIII, 570.
4. *Méth.*, I, 165.
5. *Princ.*, 1ʳᵉ part., III, 99-100.
6. *Princ.*, 1ʳᵉ part., III, 68 ; *Rech. de la vér.*, XI, 369-70 ; *Lettres*, VIII, 222, 534.

enveloppe deux degrés d'existence : l'*existence formelle*, en tant qu'elle est un mode de l'âme ; l'*existence objective* (représentative), en tant qu'elle se détache de ma pensée pour constituer un objet réel, distinct [1]. L'idée est donc un effort vers l'existence, une tendance à être, et comme on ne rencontre dans l'idée claire et distincte aucune contradiction intime qui la détruirait comme l'image obscure et confuse des sens ou de l'imagination, rien ne s'oppose *a priori* à l'existence de l'idée. Elle est donc pour le moins possible.

Mais simplement possible et non pas réelle [2]. Car l'évidence que nous saisissons dans l'idée ne suffit pas pour lui assurer une existence concrète, effective, étant donné que la cause de l'être objectif qu'elle désigne peut ne la contenir qu'*éminemment* et non *formellement*, et que Dieu seul, ainsi qu'on le verra par la suite, est capable de la réaliser comme chose.

Il nous reste donc à établir deux points :

1° L'idée du corps est une idée claire et distincte ;

2° Cette idée claire et distincte a une existence, non seulement possible, mais encore réelle.

II

L'IDÉE DU CORPS COMME SUBSTANCE ÉTENDUE EST UNE IDÉE CLAIRE ET DISTINCTE

L'idée que nous avons du corps est-elle claire et distincte ? Oui, mais à la condition de distinguer des éléments trop souvent confondus.

Nous connaissons les corps étrangers à l'aide de trois facultés nettement différentes qui nous en donnent trois représentations radicalement distinctes, voire même hétérogènes. Ces facultés sont :

---

1. 4° *Méd.*, I, 267 sqq.; *Princ.*, 1re part, III, 71 sqq.
2. 6° *Méd.*, I, 322; *Lettres*, VIII, 612.

1° Les *sens* qui nous donnent du corps une représentation *illusoire*.

2° L'*imagination* qui nous en fournit une représentation *réelle*, mais peut-être *fausse* ou tout au moins adaptée à notre faculté humaine de connaître.

3° Enfin l'*entendement* qui seul nous en apporte une représentation *vraie*, mais non point adéquate, parfaite : car il nous présente le corps non comme une chose existant sous une forme concrète, mais seulement comme une idée posée dans notre esprit [1].

De toutes ces représentations, Descartes ne paraît souvent distinguer qu'avec une extrême difficulté celles qui proviennent de l'entendement et celles qui sont dues à l'imagination, et il reconnaît que la faculté propre du corps est plutôt l'imagination que l'entendement [2]. Mais nous écartons pour l'instant toutes les considérations qui traitent du corps comme objet des sens et de l'imagination pour nous attacher uniquement à déterminer ce que peut être sa représentation purement intellectuelle.

Le corps comme objet des sens nous apparaît sous l'aspect des *qualités secondes*, les seules qui méritent vraiment le nom de *qualités*, c'est-à-dire de représentations sensibles distinctes les unes des autres. Mais toutes ces représentations ne sont qu'une sorte de songe de l'être composé ; elles n'ont en elles-mêmes aucune réalité ; simplement elles recouvrent et diversifient la *qualité première*, qui n'est point proprement qualité, mais bien *quantité*, le mouvement toujours un et identique à lui-même et qui modifie la même étendue. La quantité continue, telle est la véritable essence du corps que nos sens convertissent en qualité [3].

Mais l'imagination — celle du moins qu'on pourrait appe-

---

1. 2° *Méd.*, I, 262 ; *Lettres*, VIII, 528 ; IX, 130.
2. 2° *Méd.*, I, 252 ; 6° *Méd.*, I, 322 sqq. ; *Princ.*, 1ʳᵉ part., III, 115-16 ; *Lettres*, IX, 130 ; X, 196-99 ; *Man. de Gœtt.*, 29.
3. *Princ.*, 1ʳᵉ part., III, 70 ; 2° part., III, 179 ; 4° part., III, 513-14 ; *Lettres*, X, 203-04, 241.

ler, comme chez Kant, *imagination pure* par opposition à l'*imagination empirique* ou *sensible* — ne nous fait atteindre, elle aussi, que la seule étendue et non les qualités des choses. Quelle différence y a-t-il donc finalement entre l'entendement et l'imagination pure, l'imagination mathématique ?

Cette différence, très réelle, n'est pas très facile à saisir, et Descartes ne l'a point suffisamment mise en lumière. L'*étendue conçue* ou *entendue* n'est point proprement une *chose*, mais une *loi de construction*, ou plutôt elle n'est *chose* que parce qu'elle est *loi*, elle n'est *réalité* que parce qu'elle est *vérité*. Au contraire, l'*étendue imaginée* ne sera que la représentation concrète et particulière de cette étendue conçue, la fragmentation de *la chose étendue,* en elle-même une et indivisible, dans *les choses étendues*, multiples et divisées à l'infini, la réalisation de l'un dans le plusieurs [1].

Par suite, *le corps* ne peut se confondre avec *les corps*. Les corps forment une diversité, ils ne peuvent donc exister dans l'entendement, lieu des seules idées et non des images. Le corps, seul objet d'entendement pur, sera pour Descartes le continu. L'étendue n'est en son essence que la *quantité continue* ou extension en longueur, largeur et profondeur qui se trouve dans cette quantité ou plutôt dans la chose à laquelle on l'attribue [2]. Elle n'est donc constituée par aucun attribut réel, mais seulement par des relations purement abstraites, la figure, le nombre, la grandeur de ses éléments, etc..., par des proportions et non par des choses. La preuve en est qu'une telle étendue ne diffère en rien de l'espace, sa matière se confond avec ses dimensions, avec sa quantité [3]. La quantité de la matière ne diffère non plus de sa substance que le nombre fait des choses nombrées [4]. Aussi ce que nous appelons espace

---

1. *6ᵉ Méd.*, I, 322 sqq.
2. *5ᵉ Méd.*, I, 309-10.
3. *Lettres*, X, 47 sqq., 197-99.
4. *Le Monde*, IV, 251.

vide n'est-il pas un pur rien, mais le vrai corps avec toutes ses déterminations [1].

L'étendue mathématique, réduite à un simple système de relations, est conçue par une idée claire et distincte. De plus, lorsque je l'examine attentivement, je découvre en elles certaines particularités touchant les nombres, les figures, les mouvements, et autres choses semblables ; ces particularités ou propriétés ne sont d'ailleurs que des lois, telles que : 2 est un nombre pair, les trois angles du triangle sont égaux à deux droits, etc... Je conçois ainsi des natures immuables et éternelles, la nature du triangle, celle du cercle, celle de la sphère, etc..., dont la réalité est certaine et ne dépend en rien de l'existence réelle des objets qu'elles désignent [2]. L'idée est un conçu, non un perçu ; peu importe qu'elle soit ou non réalisée dans un univers sensible. D'ailleurs, ces purs conçus, ces natures éternelles ne dépendent pas plus de ma pensée que des choses extérieures. Elles ont leurs déterminations propres, l'essence enveloppe virtuellement ses propriétés. Je puis donc créer, par la seule puissance de mon entendement, une infinité de natures simples et principalement de figures, qui ne sont pas le produit de mes sens et qui, pourtant, ne sont point purement imaginaires. L'être qui constitue ces figures est réel, car il se confond avec leur vérité et la vérité est la même chose avec l'être [3].

On voit clairement, par là, quelle est la nature propre de l'étendue, et par suite aussi celle des corps, ramenées à de simples modes de l'étendue. L'étendue n'est point une chose, mais une loi, la possibilité de la division à l'infini [4] et de l'extension à l'infini. [5]

1. *Reg. ad dir. ing.*, XI, 299 ; *Lettres*, VIII, 72 sqq., 354 ; IX, 340 ; X, 293.
2. 5e *Méd.*, I, 311 sqq.
3. *Ibid.*, I, 312 ; *Rép. aux 5es obj.*, II, 291.
4. *Abr. des Méd.*, I, 230-31 ; 6e *Méd.*, I, 343 ; *Princ.*, 2e part., III, 179 ; *Lettres*, VIII, 385.
5. *Lettres*, X, 45-46.

Il ne peut donc y avoir d'atomes. Admît-on même que ma nature humaine imparfaite dût forcément s'arrêter dans sa division de l'étendue, Dieu, perfection suprême actualisée, poursuivra indéfiniment cette division [1]. De même, l'idée d'un monde fini enveloppe contradiction ; le monde se développe à l'infini et l'espace est illimité, le monde est *indéfini*, sinon proprement *infini* [2]. En outre, l'étendue infinie ou indéfinie est présentement subdivisée à l'infini et constituée par l'infinité actuelle des vérités intelligibles que ma pensée peut découvrir en elle *a priori*. Le monde des corps n'est pour l'entendement qu'un possible saisi sous la forme d'une *vérité* avant de devenir pour l'imagination un actuel posé comme une *réalité*.

Il n'existe qu'*une seule chose*, qu'*un seul corps*, dans lequel toutes les différences par nous conçues n'ont qu'une existence purement idéale, puisqu'il n'existe qu'une *seule étendue* dans laquelle le géomètre introduit autant de figures diverses qu'il lui plaît d'en imaginer. Il n'y a pas pour l'entendement une pluralité de corps distincts, réels, existant en eux-mêmes, càr les limites tracées par le géomètre ne sont pas des choses, des êtres, mais seulement des conceptions, des lois. D'ailleurs ces lois, nous l'avons vu, sont les vrais êtres, précisément parce qu'elles sont purement idéales, parce qu'elles ne retiennent en elles aucune diversité, ni sensible ni même imaginaire : elles expriment la série des natures intelligibles dont chacune désigne un mode particulier de détermination de l'étendue toujours identique à elle-même. Mais cette étendue — du moins pour l'entendement qui la conçoit, sinon pour l'imagination qui la réalise — n'est que l'acte par lequel elle constitue son unité et sa continuité, acte qui contient virtuellement l'infinité de ses modes. Le monde n'est donc point formé de corps particuliers, discontinus, distincts ; il consiste uniquement dans la série des vérités logiques que nous saisissons sous l'aspect d'une déduction, par suite de notre imperfection na-

---

1. *Ibid.*, X, 200-02.
2. *Ibid.*, X, 45-47, 240 sqq.

tive, mais que l'entendement infini actualise dans une intuition
unique. L'étendue n'est que la possibilité concrète et en quelque sorte symbolique de ces vérités. Le monde, c'est la géométrie en acte.

Il reste à montrer qu'en fait une telle géométrie existe, que la *vérité* se convertit en *réalité*. Tel est le rôle du critérium de la véracité divine.

III

L'EXISTENCE DES CORPS COMME OBJETS DE LA GÉOMÉTRIE SE PROUVE PAR LA VÉRACITÉ DIVINE.

Descartes n'a prouvé que l'existence possible, non l'existence réelle des corps. Reste à établir cette dernière. Les essences intelligibles, modes de l'étendue, s'efforcent vers l'existence, tendent à passer du possible à l'actuel. Rien ne les empêche d'exister, car elles n'enveloppent point de contradiction interne; mais rien non plus, jusqu'ici, n'établit d'une façon décisive leur existence de fait. Sont-elles ou non réalisées ?

Pour élucider ce point, Descartes distingue deux facultés, l'*intuition* et la *mémoire*[1].

L'intuition emporte l'assentiment, exclut le doute, est d'une évidence entière. Mais il n'en est pas de même de la mémoire.

L'intuition claire et distincte existe, elle ne peut pas ne pas exister, elle postule l'existence réelle de son objet; l'*intuition* se confond avec l'*affirmation immédiate,* car l'évidence est le critérium de la certitude[2]. Pour Descartes, comme pour Spinoza, la vérité ne se prouve que par elle-même, *verum index sui.* Je pense le triangle comme existant en fait. Donc il existe, il ne peut pas ne pas exister.

1. *Reg. ad dir. ing.*, XI, 257 sqq.
2. *Reg. ad dir. ing.*, XI, 212; *Princ.*, 1re part., III, 71-72, 82; *Lettres*, VIII, 220.

On trouverait ici à la fois une vérité et un sophisme. La vérité, c'est que l'intuition se suffit à elle-même, elle contraint l'esprit par sa présence actuelle.

Mais, ce faisant, elle ne prouve, exception faite de ma pensée, que sa propre existence et non celle de son objet, car si l'existence et l'objet ne font qu'un quand il s'agit de moi, de ma propre pensée, il n'en va pas de même de toutes les autres choses. Ils ne font qu'un en moi : je suis pure pensée, je suis l'acte par lequel je me pense. Le triangle, au contraire, est autre chose que l'acte par lequel je le pense et par lequel je me pense en le pensant. Il est certain que j'ai du triangle une pensée claire et distincte en tant que je le conçois comme affecté de telle ou telle propriété, mais non en tant que je le considère comme existant, comme enveloppant l'existence nécessaire. Seule la pensée, soit humaine, soit divine (car l'argument ontologique est moins un argument qu'une intuition, l'intuition que la pensée pure a d'elle-même) enveloppe l'existence nécessaire, parce qu'elle se confond de tous points avec cette existence, parce qu'elle est adéquate à la nécessité d'exister : nécessité qui m'apparaît, en vertu de ma déficience et de mon imperfection, comme un *fait* ; qui se manifeste en Dieu, souverainement efficient et souverainement parfait, comme une *vérité*, la vérité de son essence même. Mais ni l'étendue, ni aucune de ses déterminations n'enveloppe en soi cette nécessité d'exister, l'existence nécessaire ne constitue pas la vérité de l'étendue : qu'elle soit ou non réalisée, qu'elle existe en elle-même ou seulement comme mode de ma pensée ou de la pensée divine, l'étendue n'en est pas moins vraie [1].

Si d'ailleurs l'intuition présente se suffit à elle-même, l'intuition absente, simplement conservée par la mémoire, exige un autre critérium [2]. Si ma pensée semble faire exception à la règle, c'est parce qu'en réalité elle n'est jamais souvenir, mais toujours perception actuelle, explicite ou enveloppée, se

---

1. *Lettres*, VIII, 345-46, 353, 612.
2. *Princ.*, 1re part., III, 71-72.

saisissant directement en elle-même ou indirectement en toute autre pensée. Aussi, admit-on même (ce qui n'est pas) que la seule intuition des choses externes suffît à prouver leur existence, cette existence serait simplement posée en fait et non justifiée en droit ; elle s'évanouirait donc avec l'intuition qui la fonde. D'où la nécessité, pour l'établir, d'un appel à la déduction.

Cette déduction ne peut admettre comme principe que l'intuition qui se pose nécessairement, non seulement par rapport à moi, mais en soi, c'est-à-dire non ma pensée, mais Dieu. Cette intuition parfaite, où l'être et la pensée ne font qu'un, servira de fondement à toutes les autres, sans que pourtant on les en puisse dériver logiquement. D'où la véracité divine.

Avant d'en expliquer le sens et la nature, il nous faudra établir tour à tour : 1° que je trouve dans mon entendement plusieurs représentations évidentes ; 2° que Dieu ne saurait être trompeur.

1° Je trouve dans mon entendement des représentations claires et distinctes : telles sont les idées que j'ai de la pensée, de l'étendue, du nombre, etc... Je suis ainsi en possession d'un nouveau critérium grâce auquel je pourrai n'être point abusé. La seule cause de mon imperfection, c'est ma finité ; et je ne me saisis comme un être fini qu'en comprenant la différence qui existe entre moi et l'être infini.

Ma pensée, comme la pensée divine, enveloppe deux facultés. D'une part, elle est posée sous la forme d'un entendement passif qui constitue en quelque sorte la matière de l'âme[1], matière composée par les idées claires et distinctes qui désignent les essences pures et que l'esprit connaît déductivement dans le temps, non intuitivement dans le présent. Et, d'autre part, l'âme se pose elle-même comme volonté infinie, puisqu'elle consiste toute en un acte indivisible, le même chez Dieu et chez l'homme, l'acte pur, vide, formel, d'affirmer ou

---

1. 4ᵉ Méd., I, 298.

dé nier, en un mot le libre arbitre [1]. Et l'erreur provient uniquement de ce qu'en moi l'entendement fini n'est pas adéquat à la volonté infinie. Prise en soi, l'erreur n'est rien ; c'est une négation, plus même, un néant au regard de l'être infini ; mais par rapport à moi, être fini, elle devient une privation, donc une réalité [2]. Ainsi nous connaissons à la fois et les causes de l'erreur et les moyens de l'éviter. Je ne me trompe que dans les jugements trop hâtifs où la volonté se détermine elle-même sans chercher dans l'entendement sa limite et sa règle [3]. Tels sont, entre autres, ceux par lesquels j'affirme l'existence des choses externes ; le prédicat que la volonté rapporte au sujet n'est point conçu par l'entendement comme attaché avec celui-ci par un lien de nécessité. Seule, l'idée claire et distincte, qui n'est autre chose que l'entendement en acte a, sinon une existence, du moins une réalité certaine. D'ailleurs, cette réalité est déjà une première forme d'existence, car tout ce que nous concevons clairement et distinctement est sans nul doute quelque chose, donc ne procède point du néant et a Dieu même pour auteur [4].

2° De plus, en Dieu l'entendement infini est adéquat à la volonté infinie. Dieu ne saurait donc être ni trompeur, ni trompé. Dieu ne peut être trompé, car sa seule idée exclut la possibilité même de l'erreur, la perfection exclut par hypothèse l'imperfection. L'erreur est de l'homme, non de Dieu, et elle n'est de l'homme que dans la mesure où il n'est pas Dieu, elle exprime sa part de déficience, d'inadéquation [5]. Disons plus : la liberté infinie de Dieu à l'égard des essences éternelles nous est une preuve nouvelle, et la plus forte, que Dieu est affranchi de l'erreur ; Dieu ne pense pas une chose parce qu'elle est vraie (ce qui reviendrait à admettre, comme

1. 4° *Méd.*, I, 300 ; *Lettres*, VIII, 280 sqq., 513 sqq., 549 sqq.
2. 4° *Méd.*, I, 302 sqq. ; *Princ.*, 1re part., III, 83 sqq. ; *Lettres*, VIII, 222.
3. 4° *Méd.*, I, 304-06 ; *Reg. ad dir. ing.*, XI, 275-76.
4. *Méth.*, I, 165.
5. 3° *Méd.*, I, 278.

Leibniz, qu'en lui la vérité précède l'entendement), mais une chose n'est vraie que parce qu'il la pense ; il fait la vérité, il ne la subit pas. La nature divine est d'autant plus immuable, donc d'autant plus vraie, que Dieu est plus libre à l'égard de sa nature, car elle n'est autre chose que l'acte par lequel il la veut. Ce n'est donc pas seulement la morale, c'est encore la logique qui nous dévoile une contradiction absolue entre Dieu et la possibilité de l'erreur.

Par suite, Dieu ne pourra pas plus être trompeur qu'être trompé. Dire de Dieu qu'il est trompeur, c'est dire qu'il distingue son entendement et sa volonté, qu'il se veut autrement qu'il ne se conçoit, qu'il veut les choses autrement qu'il ne les conçoit. Or, ces mots n'offrent aucun sens, ils ont au mieux une signification humaine, ils ne se comprennent que pour un être imparfait, en proie à l'erreur. Un Dieu trompeur serait un Dieu qui nierait à la fois sa liberté et son immutabilité, ce qui est contradictoire. Un Dieu trompeur serait un Dieu qui nierait sa propre essence.

La véracité divine me prouve donc l'existence réelle, *indépendante de ma pensée* (ce qui ne veut point encore dire *éternelle*, du moins au sens courant du mot), de l'idée par moi conçue[1]. L'idée est l'image d'une nature vraie et immuable, analogue à la nature de Dieu, à cette différence près qu'elle n'enveloppe que la représentation de l'existence possible, non celle de l'existence nécessaire. Elle subsiste pourtant, même lorsqu'elle n'est point l'objet de ma pensée actuelle. C'est ainsi, par exemple, que telle propriété du triangle, l'égalité de ses trois angles à deux droits, loin de dépendre de ma pensée, continuerait d'exister même si celle-ci disparaissait, même s'il n'y avait plus un seul triangle[2]. Mais, en même temps que l'intuition, s'évanouit l'évidence intuitive, et par conséquent, jusqu'à ce que j'aie prouvé l'existence de Dieu, je douterai nécessairement de la valeur de l'intuition absente

1. 5º *Méd.*, I, 319 sqq.
2. *Ibid.*, I, 310 sqq.

et de toutes celles qui la relient logiquement avec l'intuition de Dieu, principe de ma déduction. Doute léger, d'ailleurs, idéal, métaphysique; doute qui disparaît quand je vois que toute la série des intuitions dépend de Dieu et que, dans l'entendement divin, elle forme un acte unique, indivisible, que la seule imperfection de ma pensée fragmente en moments multiples. Dieu garantit la science et, avec la science, toute la série des vérités logiques qui déterminent et constituent l'étendue réelle; car l'entendement divin, c'est la science même. La continuité logique des idées ne fait qu'un avec la continuité réelle des choses désignées par ces idées. Peut-être même, en son fond, la *véracité divine* se confondrait-elle, aux yeux de Descartes, avec la *vision divine*. Si nous écartons provisoirement cette question, du moins pouvons-nous affirmer en toute certitude que les natures simples de la mathématique ont une existence réelle, quelle qu'en soit la forme, soit que les essences pures constituent l'entendement divin, soit qu'elles aient par elles-mêmes une réalité en dehors de Dieu.

On aboutit ainsi à des conclusions du plus haut intérêt, qu'il importe de mettre en valeur.

1° Le monde est à la fois réel et idéal : réel, puisqu'il ne dépend pas de moi ; idéal, puisqu'il se ramène à une série d'idées ou d'essences logiques, de lois purement intelligibles. Si donc il existe en dehors de ma pensée, du moins n'est-il point tel que je me l'imagine : je ne dois voir en lui qu'un système homogène dont tous les éléments sont identiques, ou plutôt encore dans lequel la diversité des éléments n'a qu'une existence idéale, qui ne contient aucune de ces limites arbitraires imposées par ma seule imagination pour distinguer les uns des autres les êtres fictifs dont elle le compose, les combinaisons artificielles, soit de sensations confuses, soit même de pures images dotées de qualités illusoires; le monde n'est que l'étendue géométrique, il ne comprend pas une diversité de corps hétérogènes, mais le corps un et

continu. L'étendue, essence purement intelligible, n'est que
la réunion de parties qui ne sont point elles-mêmes réelles et
concrètes, mais qui se ramènent à des relations ou connexions
abstraites et logiques, conçues par la raison, non perçues par
les sens. L'étendue, ce n'est en somme que la possibilité de
la science *a priori*, l'homogénéité d'une conception plutôt
que d'une réalité ; l'étendue, c'est, à la lettre, le mécanisme
universel, c'est-à-dire l'universelle intelligibilité. Ne voyons-
nous pas les prétendus éléments qui la déterminent, la longueur, la largeur, la profondeur, varier avec chacun de nous[1] ?
L'un transforme la longueur en largeur, l'autre la largeur en
profondeur. Il n'y a là que des aspects, des points de vue,
non des réalités, des choses. L'étendue, c'est la vraie pensée,
toujours une et identique à elle-même, de la diversité matérielle.

2° L'existence extérieure de cette étendue et de toutes ses
déterminations n'est ni démontrée ni même démontrable :
autrement dit, il nous est impossible d'établir que l'étendue
constitue un monde distinct, qu'elle est autre chose et plus
qu'une représentation soit de l'entendement humain, soit de
l'entendement divin. L'univers, c'est la géométrie (si même
ce n'est pas la pure mathématique, la science tout abstraite
des rapports et proportions), c'est donc la pensée se saisissant dans un acte unique, épuisant dans une intuition com-
préhensive ce progrès infini qui l'exprime et qu'elle ne
connaît en fait que sous forme de déduction. Au terme de
l'analyse, le monde, c'est l'entendement qui se réalise, c'est
l'aspect sous lequel ma pensée se pense elle-même, peut-être
l'aspect sous lequel se pense la pensée divine, infinie, adéquate. L'acte par lequel je me pose enveloppe virtuellement
tous les modes intelligibles, éternels, qui constituent mon
essence ; il n'exclut que mes modes sensibles, éphémères. La
pensée, l'esprit est, aux yeux de Descartes, une sorte de
monade formelle qui prend conscience d'elle-même en se

1. *Reg. ad dir. ing.*, XI, 307-08.

saisissant comme le développement rationnel, à la fois ontologique et logique, des idées pures. Kant ne verra dans la pensée que la possibilité de l'univers, la forme de l'expérience manifestée par des catégories formelles et vides. Descartes y trouve la réalité substantielle de cet univers, confondu avec le progrès logique des essences. Il porte ainsi l'idéalisme à son plus haut degré. Non seulement les choses ne sont que mes représentations, mais je ne suis moi-même que l'ordre de ces représentations. Sans doute, Descartes reconnaît que la pensée se tourne tantôt vers les essences et tantôt vers elle-même ; mais, quand elle se tourne vers elle-même, elle ne se saisit que comme l'acte pur et vide de poser une matière quelconque; et cette matière posée, ce sont les modes de la pensée, les idées qui lui représentent des réalités étrangères, idées tantôt confuses et tantôt distinctes, tantôt sensibles et tantôt intelligibles ; mais qui, confuses ou distinctes, sensibles ou intelligibles, ne réalisent cette pensée qu'en la rendant en quelque sorte extérieure à elle-même, qu'en la posant en dehors d'elle-même. La pensée est en somme tout ce qu'elle saisit en soi. Donc la pensée est l'univers.

Disons plus encore. Si l'on approfondit la doctrine cartésienne, on voit s'identifier Dieu et l'univers. Dans l'acte par lequel il se pose, Dieu pose du même coup, non pas sans doute un monde créé, produit de sa volonté libre, mais la forme sous laquelle se manifeste nécessairement son essence lorsqu'elle se réalise. Les vérités éternelles, fussent-elles même le produit d'un acte originaire de la liberté divine, constituent tout ensemble et la forme de l'entendement divin et la réalité des choses. Nouvelle affirmation de l'idéalisme porté à l'absolu, substitution de l'idéalisme divin à l'idéalisme humain.

Descartes, quoi qu'il en ait, aboutit donc au panthéisme. Il ne l'évite qu'en apparence et, si l'on ose dire, que par artifice et par ruse, en jetant comme un voile mystérieux sur la nature divine, en invoquant la liberté infinie et l'incompréhensibilité de Dieu comme principe d'un monde créé. Il fait implicitement appel à la *foi*, et non à l'entendement, pour justifier l'existence des choses externes, non pas à la foi dans l'Écriture, comme plus tard Malebranche, mais à la foi dans la puissance infinie et incompréhensible de Dieu. Et cet appel demeure injustifié. L'incompréhensibilité divine n'est pas seulement impossible, en son fond, elle apparaît contradictoire.

Ce qui ressort finalement de la prétendue démonstration apportée par Descartes, c'est l'existence *du* corps (et nullement *des* corps) comme idée de l'entendement divin ; c'est aussi sa réalité indépendante à l'égard de ma pensée humaine, éphémère et contingente, réalité qui paraît bien n'être au fond que celle d'un mode de Dieu. Mais il faut échapper à ces nouvelles conséquences, et nous verrons comment Descartes s'y est efforcé; en étudiant sa conception du *monde imaginaire* et du *monde sensible*.

CHAPITRE III

LE MONDE IMAGINAIRE ET LE MONDE SENSIBLE. — L'IMAGINATION ET L'EXISTENCE DES CORPS.

L'essence des corps se réduit à la pure étendue géométrique. Or, cette étendue n'est qu'objet d'entendement, c'est un simple concept, une idéalité, la possibilité de construction ou la loi de construction qui comporte autant de modifications idéales que je puis m'en représenter. Descartes a prouvé qu'il existe des essences, il n'a pas montré comment ces essences peuvent revêtir une forme matérielle particulière et déterminée et former ainsi une multiplicité de choses concrètes. Car l'essence n'est point encore une chose, non pas même une chose géométrique, qui sans doute est constituée par la seule étendue, mais qui reste particulière et distincte. *A fortiori* n'a-t-on pu établir l'existence d'un monde sensible, diversifié par la variété infinie des qualités secondes.

Nous aurons donc à rechercher :

1° S'il existe des essences géométriques dotées d'une existence réelle, empirique, *concrète*, si, *en fait*, il y a des triangles, des cercles, des sphères, etc., c'est-à-dire des corps multiples et divers.

2° Si les qualités sensibles que nous rapportons à ces corps ont un fondement réel dans leur nature ou seulement dans la nôtre.

Jusqu'ici, nous avons simplement démontré l'existence du *monde intelligible*, objet de la *géométrie abstraite* qui porte sur des *proportions* et des *limites*.

Il nous faut maintenant établir : 1° l'existence du *monde imaginaire*, connu par l'entendement uni à l'imagination et objet de la *géométrie concrète* qui porte sur des *choses* et des *réalités*; 2° celle du *monde sensible*, connu par les sens et donné dans l'expérience, objet de la *physique*.

I

L'EXISTENCE DU MONDE IMAGINAIRE

Il y a des présomptions en faveur de son existence. Les choses matérielles me paraissent avoir une réalité en elles-mêmes, en dehors de moi, sinon en tant que sensibles, du moins en tant que géométriques. L'entendement les conçoit comme possibles, l'imagination les actualise.

Les *idées* des choses matérielles constituent l'entendement divin. Or, la puissance de Dieu est telle qu'elle suffit à réaliser tout ce que je conçois clairement, tout ce qui n'enveloppe pas contradiction[1]. Un décret divin pourra donc convertir les *idées* en *choses* créées.

A l'appui de cette présomption vient un argument emprunté à la faculté imaginative. Toujours obscure dans les doctrines intellectualistes, l'imagination joue chez Descartes un rôle analogue — *mutatis mutandis* — à celui qu'elle remplira plus tard dans le kantisme. Elle nous permet d'unir l'idéal et le réel ou plutôt de transformer l'idéal en réel; elle donne de l'objectivité à la science, elle institue, selon le mot d'Auguste Comte, une relation entre l'abstrait et le concret. En analysant sa nature, nous comprendrons son utilité.

L'imagination se définit une certaine application de la faculté qui connaît au corps qui lui est intimement présent et partant qui existe[2], ou encore une façon de penser particulière pour les choses matérielles[3]. Inutile et même nuisible à la connaissance des réalités purement intellectuelles, elle est un

1. *6° Méd.*, I, 322.
1. *6° Méd.*, I, 322-23.
2. *Méth.*, 4° part., I, 163.

précieux auxiliaire de l'entendement, un secours presque indispensable pour la science des choses corporelles et surtout des objets mathématiques [1]. C'est elle en effet qui actualise, qui rend présent, sous une forme concrète et définie, ce que l'entendement conçoit simplement comme possible, comme n'enveloppant pas contradiction. L'entendement pose la vérité d'une essence; l'imagination transforme cette vérité, en fait la réalité d'une existence.

Tel est ici le cas. La seule réalité du corps propre, c'est d'être représenté à l'âme, et cette représentation est l'œuvre de la seule imagination qui est une vraie partie du corps [2], qui est le corps même [3]. L'imagination, c'est l'âme en tant qu'*idée*, mieux encore l'âme en tant qu'*image* du corps (nous disons *idée* ou *image* et non point *sentiment* ; tous ces termes doivent être minutieusement définis et distingués les uns des autres) ; et nous entendons par là l'idée ou l'image du corps propre, présent, de *mon* corps et non pas du corps en général. En effet, je ne suis pas une pure pensée détachée de la substance corporelle (telle est la pensée divine qui, d'après Descartes, ne contient l'étendue que formellement, et non point éminemment) ; je suis un être composé, et cette composition, de prime abord, consiste dans la juxtaposition fortuite de deux natures hétérogènes, l'âme, substance pensante, et le corps, substance étendue. Sans doute, Descartes reproche violemment à Regius d'appeler l'homme un « être par accident » [4], mais il n'y a là de sa part qu'un acte de prudence et cette définition rend à merveille le sens de la pensée cartésienne. L'union de l'âme et du corps est toute fortuite, contingente, accidentelle, car il n'est pas de l'essence de l'une d'être jointe avec l'autre [5].

1. *Méth.*, 2ᵉ part., I, 143-44 ; *Reg. ad dir. ing.*, XI, 296 sqq. 324 sqq. ; *Géom.*, V, 313 sqq. ; *Lettres*, VIII, 175 ; IX, 130-31.
2. *Reg. ad dir., ing.*, XI, 265.
3. *Ibid.*, XI, 297.
4. *Lettres*, VIII, 576 sqq. ; 581 sqq.
5. *Princ.*, 1ʳᵉ part., III, 96-97 ; *Reg. ad dir. ing.*, XI, 266 sqq. ; *Rép. aux 4ᵉˢ obj.*, II, 39, et *aux 6ᵉˢ obj.*, II, 337 ; *Lettres*, VII, 395.

Intrinsèquement considérée, la pure pensée n'enveloppe aucune représentation de corps, d'étendue, de parties ; mais la pensée réelle, celle qui existe en fait, *ma* pensée, ne peut se poser sans poser du même coup le corps. Donc le corps existe. Il est toujours représenté à la pensée et c'est lui qui la rend à la fois particulière (distincte de toute autre pensée) et finie.

De même, l'imagination transforme n'importe quelle autre idée en une réalité déterminée, véritablement existante. Le triangle que je conçois est une loi, une relation ; ses propriétés, à leur tour, ne sont que des lois, des relations purement abstraites, et son idée contient une possibilité jamais épuisée de figures particulières. Le triangle que j'imagine est une chose, une réalité spéciale, concrète, aux éléments déterminés, d'une étendue également déterminée ; j'ai besoin, pour me le représenter, d'une contention d'esprit particulière qui en fasse un objet présent, actuellement donné à ma pensée [1]. Le nombre des choses, même corporelles, que je puis imaginer, est des plus restreints, tandis que je puis en concevoir une infinité [2].

J'imagine le triangle, je conçois le chiliogone. En un mot, l'imagination est la faculté de saisir les parties dans le tout [3], la possibilité de figurer et de conserver pendant un certain temps une multiplicité d'images [4]. L'imagination, comme le corps dont elle n'est qu'un autre nom, c'est la pluralité.

La science exige, pour être accessible à l'esprit humain, que l'on puisse toujours traduire l'idée dans son image et plus particulièrement les relations purement intelligibles dans des lignes géométriques [5]. Nous obtenons ainsi du corps une représentation beaucoup plus nette et, pour ainsi parler, une *peinture* qui aide l'esprit à suivre le développement de la science mathématique et qui l'accompagne dans toutes ses

---

1. 6ᵉ *Méd.*, I, 323-24 ; *Reg. ad dir. ing.*, XI, 265-66, 296-97.
2. *Princ.*, III, 115-16 ; *Lettres*, VIII, 526 sqq.
3. *Lettres*, X, 196-99.
4. *Reg. ad dir. ing.*, XI, 265.
5. *Méth.*, 2ᵉ part., I, 143 ; *Reg. ad dir. ing.*, XI, 296-97.

démarches[1]. Ainsi, selon les cas, nous figurerons l'unité par un carré, par une ligne droite, par un point[2]. Ainsi encore, les opérations effectuées par le seul entendement, l'addition, la soustraction, l'extraction des racines, etc..., seront représentées par l'imagination d'une façon concrète sous la forme de deux lignes que l'on juxtapose ou que l'on divise, ou d'une manière analogue à l'aide de quelque autre figure. Les dimensions de l'étendue serviront à traduire matériellement les opérations arithmétiques[3].

Le rôle de l'imagination, c'est de fournir une matière à la pensée. L'existence de cette matière n'est point nécessaire, elle peut donc disparaître. C'est ainsi que mon corps est appelé à périr exactement comme tous les autres corps ; seul, le corps en général, le continu, existera de toute éternité[4]. Mais l'existence du corps continu ne dérive pas nécessairement de la nature de ma pensée, car, à la considérer en elle-même, en son essence, la pensée ne pense qu'elle même, n'est que par accident pensée de l'univers et des corps extérieurs. Or, cet accident qui seul postule l'imagination et lui fournit une matière réelle dépend en moi d'autre chose que de moi, d'une réalité étrangère qui diffère de mon esprit et qui limite son action. Et cette réalité étrangère ne peut être que celle de mon propre corps en tant qu'il est affecté par des corps extérieurs. L'imagination est inconcevable, inexplicable, si l'on ne suppose pas l'existence de ces corps. Donc ils existent *probablement*[5].

Mais ce n'est que probablement, et non pas nécessairement. Car, après tout, il se pourrait que l'imagination ne fût qu'un mirage, un rêve produit de toutes pièces par la pensée qui s'illusionnerait elle-même en donnant une forme matérielle, corporelle, à des lois purement intellectuelles. La seule chose

---

1. *Lettres*, IX, 130-31.
2. *Reg. ad dir. ing.*, XI, 311 sqq.
3. *Ibid.*, XI, 324 sqq.
4. *Abr. des Méd.*, I, 231 ; *Rép. aux 2es obj.*, I, 445.
5. *6e Méd.*, I, 324-25.

qui dépende de moi, c'est de m'élever des idées présentes, peintes dans mon imagination, à la cause de ces idées. Mais pourquoi cette cause serait-elle extérieure ? Pourquoi ne serait-elle pas interne ? Pourquoi ne serait-elle pas moi-même ? Ici, Descartes ne fait même plus appel à la véracité divine qui, si elle prouve l'existence d'un monde d'essences ou de lois intelligibles, n'établit pas celle d'un univers formé de corps matériels. Si de tels corps existent, il est évident que Dieu leur a imposé des lois, mais leur existence reste douteuse, hypothétique, et nous voyons alors surgir une question de fait, qui ne peut être tranchée avec certitude, sur laquelle nous ne pourrons avoir que de simples probabilités [1].

Ainsi l'imagination, qui n'a pas d'autre fonction que de traduire l'abstrait en concret, l'idéal en réel, me fait saisir un monde vrai, dont l'existence est certaine, mais dont la réalité n'est qu'intelligible et, pour le surplus, hypothétique. Cette faculté imaginative ne peut rien produire, sinon l'intelligible et le mathématique ; *le* corps est l'étendue matérielle (et non plus seulement idéale) qui se divise dans la pluralité *des* corps formant une multiplicité actuelle et réelle, mais cette étendue, fragmentée dans la diversité des choses étendues, n'est que l'étendue quantitative, dépouillée de toute qualité. Le monde n'est plus seulement une équation algébrique, un rapport idéal, il devient une construction mathématique, une chose réelle ; mais il n'est pas encore une donnée empirique, sensible. Et si déjà l'existence du monde imaginaire est sujette à caution que sera-ce, *a fortiori*, lorsqu'il s'agira du monde des sens ?

II

L'EXISTENCE DU MONDE SENSIBLE

Il en est de l'imagination comme de l'entendement. L'imagination était un mode de l'entendement; le sentiment sera un

---

1. *Abr. des Méd.*, I, 233-34.

mode de l'imagination. Ce qu'on peut appeler l'*imagination pure* fournit à l'esprit un schème intellectuel, l'étendue géométrique se composant indéfiniment avec elle même à l'aide du mouvement. Ce qu'on pourrait nommer l'*imagination empirique* ou *sensible* (c'est-à-dire l'équivalent de l'*intuition sensible* opposée par Kant à l'*intuition pure*) détermine le schème intellectuel au moyen de toutes les qualités secondes dont elle l'affecte. Elle nous donne ainsi la représentation d'un monde illusoire, inexistant, mais qui, à défaut d'une réalité, peut et doit offrir une signification. Si la sensation n'est rien par elle-même, elle aura pour le moins la valeur d'un symbole.

Le corps réel, celui que notre conscience se représente, est affecté de qualités sensibles qui diversifient son étendue ; telles sont, entre autres, la couleur, l'odeur, le son, la saveur, etc... Et, d'autre part, en agissant sur notre esprit, il fait naître en lui des sentiments nombreux, tels que le plaisir, la douleur, la faim, la soif, etc...[1].

Comment puis-je m'élever de ces sensations et de ces sentiments à l'affirmation de l'existence, soit certaine, soit simplement probable, des choses extérieures ? Je remarque tout d'abord que le sentiment me révèle l'existence de mon corps et qu'il traduit d'une façon confuse les relations que le corps propre soutient avec les corps étrangers au milieu desquels il se trouve placé. Le plaisir, la douleur, toutes les affections, simples ou complexes, n'ont d'autre rôle que de traduire les avantages ou les inconvénients qui résultent de ces relations[2]. Au contraire, les sensations qui, sans m'affecter, me représentent quelque chose, me paraissent n'appartenir qu'aux choses extérieures et nullement à moi-même. A vrai dire, je ne connais proprement et immédiatement que ces seules sensations, mais une sorte d'instinct naturel me pousse à les rapporter aux corps extérieurs. Souvent, en effet, elles me sont données malgré moi, quelquefois même

1. 6ᵉ *Méd.*, I, 325 sqq.
2. *Ibid.*, I, 326-27.

contre ma volonté, par exemple dans le cas de la douleur ; elles ne surgissent ni ne disparaissent à mon gré. De plus, elles ont une intensité que ne présentent ni les images de la fantaisie corporelle, ni les souvenirs. D'où je conclus : 1° que mes sensations proviennent des choses extérieures ; 2° que ces choses sont identiques à leurs images ; 3° que toutes mes idées des choses externes viennent des sens ; 4° enfin que parmi tous les corps il en est un qui m'apparaît comme m'appartenant en propre et comme étant plus intimement lié avec moi que tous les autres ; c'est donc à bon droit que je l'appelle mien, car les affections que j'éprouve, douleur, plaisir, faim, soif, etc..., sont senties dans ses différentes parties, non dans celles des autres corps, et de plus il est toujours représenté à ma pensée comme actuellement donné [1].

Ce ne sont là, il est vrai, que des enseignements de la *nature*, et non de la raison. C'est la nature qui, par exemple, institue une relation entre les mouvements de l'estomac et le désir de boire, entre la sécheresse du gosier et le sentiment de la soif [2]. Pourquoi cette relation ? Sur quoi se fonde-t-elle ? C'est ce que Descartes a longuement expliqué.

Le concept de *nature* est des plus obscurs, il est en opposition radicale avec celui de *lumière naturelle*. La lumière naturelle, c'est la pensée même, c'est la clarté de l'intuition ; la nature, c'est au contraire un instinct aveugle, un mouvement irréfléchi, c'est l'idée confuse [3]. Tout ce qui vient de la nature, sensations, sentiments, passions, etc..., n'est pas nécessairement vrai, n'exprime qu'un état de l'homme, du composé, par conséquent peut n'être que songe et mensonge. Mais, jusque dans leur erreur, les enseignements de la nature retiennent une part de vérité, une signification, à défaut d'une réalité. Quelle signification ?

Pour la dégager et pour pouvoir du même coup apporter

1. 6° *Méd.*, I, 327-29 ; *Lettres*, VIII, 376.
2. 6° *Méd.*, I, 328-29.
3. 3° *Méd.*, I, 270 ; *Lettres*, VIII, 168-69.

de nouveaux arguments en faveur de l'existence d'un monde externe, Descartes entreprend une déduction nouvelle — ou pour mieux dire une nouvelle induction — qui se ramène essentiellement aux deux points suivants :

A. Comment pouvons-nous conclure de l'existence de nos sensations à l'existence d'un monde extérieur réel ?

B. Quel rapport y a-t-il entre ces sensations et le monde qu'elles désignent ?

A. *Preuve de l'existence du monde extérieur par l'existence des sensations.*

Descartes établit tour à tour les points suivants :

1° Toutes les choses que je perçois clairement et distinctement comme différentes dans ma pensée sont différentes dans la réalité et peuvent avoir été créées séparément par la toute-puissance de Dieu. Or il est certain que je perçois clairement et distinctement l'âme et le corps comme formant deux substances différentes, hétérogènes ; donc, même si en fait ces deux natures sont liées l'une à l'autre, rien n'empêche de concevoir ni de réaliser leur séparation. Les attributs qui les constituent ne s'opposent pas seulement, ils se contredisent : le corps, c'est la chose étendue ; l'âme, c'est la chose pensante. Or l'étendue est le schème de la divisibilité à l'infini, de la diversité des parties, tandis que la pensée consiste dans un acte indivisible, qui exclut toute idée de parties, de diversité, qui nous fournit le type même de l'unité absolue, indécomposable. Considérée en son essence, l'âme nie le corps comme le corps nie l'âme[1]. Ce n'est pas leur distinction, c'est leur union qui apparaît mystérieuse et qui pose un problème. Donc enfin, l'âme, dont l'existence a été prouvée antérieurement, est absolument distincte du corps, que celui-ci conserve par devers soi une réalité ou qu'il soit une pure illusion[2].

1. *Abr. des Méd.*, I, 231.
2. 6ᵉ *Méd.*, I, 331-32 ; *Princ.*, 2ᵉ part., III, 120 sqq.

2° D'autre part, je trouve en moi diverses façons de penser, dont chacune a ses caractères propres, spécifiques. Sentiment et imagination ne sauraient être conçus sans moi, mais je puis parfaitement être conçu sans eux. Ce sont donc des modes de la substance pensante. Inversement, telles autres facultés, comme celles de changer de lieu, de prendre diverses situations, etc..., ne peuvent à leur tour être conçues sans quelque substance à laquelle elles soient attachées, ni par conséquent exister sans elle. Mais cette substance ne peut être intellectuelle, car dans le concept clair et distinct que j'ai de ces facultés ne se trouve contenue aucune intellection, mais seulement une extension ; il reste donc qu'elle soit corporelle et si ces facultés ont une existence réelle, elles ne sont que des modes de la substance étendue. Enfin, je trouve en moi une faculté passive de sentir, c'est-à dire de recevoir et de connaître les idées des choses sensibles ; mais cette faculté passive en suppose une autre, active celle-là, soit en moi, soit en une substance étrangère, qui soit la cause génératrice de ces idées. Ne contenant aucune pensée, cette faculté active n'appartient point à la chose pensante. Il reste qu'elle appartienne à une autre substance, différente de la mienne[1].

Quelle sera cette autre substance ? Elle devra contenir, soit éminemment, soit formellement, la réalité objective représentée dans nos idées. Elle sera donc, si elle est une cause éminente, Dieu ou un autre être plus noble que le corps ; si elle est une cause formelle, un corps différent du mien. Cette cause est-elle Dieu ? est-elle un corps étranger ?

Elle ne peut être Dieu, car Dieu n'est pas trompeur et les idées des choses extérieures ne me sont point suggérées, soit immédiatement par lui-même, soit médiatement par quelque créature, tel un ange, qui les contiendrait éminemment. Tout au contraire, je trouve en moi une grande inclination à croire qu'elles me viennent directement des choses corporelles.

1. 6° *Méd.*, I, 332-33.

Donc ces choses corporelles existent. Ce qu'il fallait démontrer[1].

Mais contre cette démonstration — ou plutôt contre cette inférence — s'élèvent de très fortes objections qui sont de nature à en diminuer la portée.

1° La représentation d'une chose n'est pas une preuve suffisante de l'existence du représenté.

2° La sensation est une donnée obscure dont je cherche la cause. La seule raison qui m'oblige à rapporter cette cause à l'objet extérieur, c'est mon imperfection, car la pensée claire et distincte qui constitue l'âme ne saurait produire cette image confuse.

3° Si cette cause n'est pas Dieu, c'est d'abord parce que la puissance infinie de Dieu nous *autorise* à la concevoir comme différente de l'essence divine ; c'est ensuite parce que la perfection absolue de Dieu nous *oblige* à admettre qu'elle est analogue à la représentation que nous en avons.

4° Enfin, l'idée d'une chose postulant nécessairement une cause, et cette cause ne pouvant être ni l'entendement humain, ni l'entendement divin, il reste qu'elle soit le corps extérieur.

Il serait excesssif de prétendre que la démonstration du monde extérieur tentée par Descartes est une démonstration par l'absurde, mais elle apparaît tout au moins, si l'on peut ainsi parler, comme une démonstration par la négative. C'est seulement lorsque nous avons passé en revue et épuisé toutes les hypothèses relatives à la causalité de la représentation sensible, qu'après avoir écarté toutes les autres causes, nous rapportons cette causalité, faute de mieux, à la chose même existant en soi et par soi, en dehors de ma pensée et en dehors de Dieu.

Mais peut-on dire qu'une telle démonstration soit vraiment rigoureuse? Descartes lui-même n'ose pas le prétendre. Nous n'avons, dit-il, de l'existence des corps qu'une assurance mo-

---

1. *Ibid.*, I, 334.

rale et non une certitude métaphysique[1]. Dans les *Méditations*, où il est pourtant plus affirmatif que dans le *Discours de la Méthode*, il reconnaît que ces vérités de sens commun, l'existence du monde, l'existence du corps humain ne se fondent pas sur des raisons si fermes, ni si évidentes que celles qui nous conduisent à la connaissance de Dieu et de notre âme[2]. En effet, nous avons de cette existence deux critériums, un critérium de fait et un critérium de droit ; mais le critérium de fait n'est qu'un instinct aveugle et spontané de la nature, et le critérium de droit n'est que la garantie de cet instinct par un appel à la véracité divine. Malebranche, lorsqu'il fait appel à l'Écriture pour prouver l'existence du monde extérieur, n'est qu'un Descartes plus logique et plus conséquent avec lui-même. En effet, si la véracité divine suffit à prouver l'existence des corps, pourquoi ne l'invoquerait-on pas en même façon pour justifier n'importe quel autre instinct ? Il ne s'agit plus là de vérité rationnelle, mais simplement d'un acte de foi.

B. *Rapport des sensations et du monde extérieur qu'elles représentent.*

On a, sinon démontré, du moins conjecturé l'existence des corps. Reste à déterminer, non pas leur essence qui, on l'a vu, est purement géométrique, mais leur signification, c'est-à-dire ce qu'il peut y avoir de fondé dans la représentation sensible de choses en elles-mêmes intelligibles. Il est établi de façon certaine, d'une part, que les qualités des corps sont des données confuses qui, à les prendre en soi, ne sauraient exister ; d'autre part, que ces données, même fausses, enveloppent quelque vérité, puisqu'elles nous viennent de la nature qui, en son fond, est Dieu même[3]. Quelle est donc l'âme de vérité qui se dégage de l'illusion sensible ?

1. *Méth.*, 4ᵉ part., I, 164.
2. *Abr. des Méd.* I, 233.
3. 6ᵉ *Méd.*, I, 335.

Cette vérité peut n'être que symbolique. La sensation traduirait en termes sensibles, empiriques, la relation qui unit mon corps aux autres corps. Traduction purement humaine, d'une valeur tout utilitaire. C'est ce que Descartes établit en examinant tour à tour mon corps et les corps étrangers.

1° Mon corps n'est pas seulement objet de pensée; je le connais aussi par mes sentiments, le plaisir, la douleur, la faim, la soif, etc... qui m'informent de ses besoins, de leur diversité, des moyens d'y satisfaire et qui m'avertissent de son union intime avec l'âme[1]. Je ne connais pas ma blessure par le seul entendement comme un pilote aperçoit par la vue si quelque chose se rompt dans son vaisseau, ou comme un ange la saisirait dans son corps subtil sous la forme de mouvements purement intelligibles qui en diversifieraient l'étendue[2]; mais j'en éprouve aussi le sentiment, j'en souffre[3]. En effet, je ne suis pas un pur esprit, mais un composé, et l'union de l'âme et du corps est une véritable substance; ces deux natures sont si intimement liées l'une à l'autre qu'elles ne forment qu'un seul et même être[4]. Le sentiment apparaît ici comme le substitut de l'idée claire et distincte, et ce dans l'intérêt du corps. Il importe en effet qu'à l'action exercée sur lui par tous les corps étrangers, action que lui révèle l'expérience, mon organisme réponde par une réaction appropriée, aussi rapide que possible. Mais, réduit à ses seules forces, l'entendement serait incapable de déterminer cette réaction. D'où l'utilité grande du plaisir et de la douleur qui remplissent merveilleusement cet office. Les sentiments sont moins des affections que des actions virtuelles, moins des instruments de connaissance que des moyens d'action[5].

Les erreurs des sens ne font pas, quoi qu'il semble, excep-

1. *Ibid.*, I, 335-36; *Pass.*, IV, 85-86.
2. *Lettres*, VIII, 582.
3. 6e *Méd.*, I, 336; *Méth.*, 5e part., I, 189.
4. *Abr. des Méd.*, I, 233; *Pass.*, IV, 62; *Rép. aux 4es obj.*, II, 50; *Man. de Gœtt.*, 30.
5. 6e *Méd.*, I, 347.

tion à la règle. Elles expriment simplement un usage spécial et défectueux d'une loi en elle-même universelle et vraie. Soit, par exemple, le plaisir que j'éprouve à manger une viande empoisonnée. La nature m'attire, non vers le poison, qui me sera funeste, mais vers la viande, utile à la conservation du corps [1].

Mais, objectera-t-on peut-être, les désirs du malade vont précisément à ce qui lui est le plus nuisible, au contraire même de ce dont il a besoin. L'hydropique veut boire, et c'est la boisson qui le tue. Il est vrai, mais ici encore l'exception confirme la règle. Le corps malade obéit aussi bien aux lois de la nature lorsqu'il se trompe, que l'horloge mal faite lorsqu'elle marque mal les heures [2].

Nous devons pourtant insister un peu plus longuement sur ce point, afin de préciser la nature des relations qui unissent le corps et l'âme, ce qui nous permettra d'éclaircir par la même occasion certaines obscurités touchant les rapports de la sensation à l'objet. Le corps humain, on le sait, peut être divisé en plusieurs parties, tandis que l'âme reste indivisible ; les facultés de l'âme ne sont point ses parties, et l'esprit est intéressé tout entier dans l'acte de sentir, tout entier dans l'acte de concevoir, tout entier dans l'acte d'imaginer, etc. [3] La même âme qui est sensitive est intellectuelle [4].

De là suit que les affections du corps ne sont point immédiatement perçues par l'esprit, mais ne lui parviennent que par l'intermédiaire du *sens commun*. Cette faculté, à la fois mystérieuse et réelle, est comme le véhicule qui transporte les images des choses de ces choses mêmes jusqu'à nous [5]. Elle a son siège dans la partie du cerveau qu'on nomme *conarium*

---

1. *Ibid.*, I, 340-41.
2. *Ibid.*, I, 341-43.
3. *Ibid.*, I, 344 ; *Lettres*, X, 196-97.
4. *Pass.*, IV, 77.
5. 6º *Méd.*, I, 344-45 ; *Reg. ad dir. ing.*, XI, 264 sqq.; *Dioptr.*, V, 65 ; *Lettres*, X, 92.

ou *glande pinéale* [1]. Le sens commun, en somme, c'est l'âme en tant qu'elle est unie au corps.

Or, les mouvements d'un nerf quelconque de mon corps sont toujours transportés au cerveau en même façon, quelle que soit la partie du corps affectée, ils produisent toujours la même impression cérébrale, ils appellent toujours la même réaction appropriée. En effet, toute sensation correspond à un mouvement déterminé qu'elle traduit dans la conscience, et le même mouvement détermine la même sensation. Le mouvement qui, chez l'homme sain, fait naître le désir de la soif et joue ainsi un rôle utile, fera naître le même désir chez l'hydropique et jouera ainsi un rôle nuisible. Autrement dit, de tous les sentiments que l'homme peut éprouver, le mouvement détermine toujours celui qui apparaît comme le plus utile et le mieux adapté à la conservation du corps humain considéré dans son état normal. L'hydropique ne se trompe que parce qu'il est hydropique, par hasard et par exception, mais dans son erreur même il obéit à l'action d'une cause utile. Et mieux vaut après tout cette défaillance particulière du sentiment qui, dans l'immense majorité des cas, est la condition naturelle et nécessaire de l'apaisement de la soif, révélée par la sécheresse du gosier [2].

En résumé, les sentiments que j'éprouve sont les signes ou les symboles des mouvements produits à la surface du corps propre par l'action des corps étrangers. Nous avons donc, en faveur de l'existence de ces derniers, sinon une preuve certaine, du moins une nouvelle et sérieuse présomption.

2° D'autre part, en dehors de mon corps, le sentiment me révèle aussi, grâce à la diversité de ses données, la présence d'une multiplicité de corps étrangers. Nous nous trouvons, ici encore, en présence d'une vérité partielle mélangée d'erreur.

1. *Princ.*, 4ᵉ part., III, 500 ; *Dioptr.*, V, 34 ; *Lettres*, VIII, 428 sqq, 508.
2. 6ᵉ *Méd.*, I, 346 sqq.

L'erreur consiste à croire que les propriétés des choses extérieures sont en elles-mêmes telles que nous les saisissons en nous. Cette conception est inintelligible [1]. Si, en effet, les choses se confondaient de tous points avec leurs représentations, l'objet ne ferait qu'un avec l'image, il serait impossible de l'en distinguer, ce qui est absurde [2]. Il n'y aura donc pas plus de ressemblance entre la chose et la représentation qu'entre le mot et la chose ; souvent même cette ressemblance disparaîtra complètement. Moins elle risque d'être confondue avec l'objet, plus l'image apparaît parfaite [3].

Qu'y a-t-il de commun, par exemple, entre l'image peinte au fond de l'œil et les mouvements extérieurs qu'elle traduit ? [4] Les sens reçoivent passivement certaines empreintes des mouvements qui agitent la matière, comme la cire reçoit l'empreinte du cachet, et le sens commun transforme ces mouvements en qualités sensibles [5].

Le rôle du sentiment est essentiellement pratique et toute la conduite de notre vie dépend de nos sens [6], mais il importe de bien comprendre quelle est leur véritable fonction. La couleur que j'imagine dans l'objet n'est, à la prendre en soi, qu'une figure géométrique ou étendue n'offrant pas le moindre rapport avec la couleur que je trouve dans ma pensée [7]. Notre tort consiste à attribuer aux choses elles-mêmes les modifications qu'elles produisent en nous. La distinction qui existe en fait entre le bleu, le rouge et le blanc est parfaitement représentée à l'imagination par la distinction que nous instituons entre certaines figures géométriques : c'est une différence de position que, pour des raisons d'utilité, nous

---

1. *Princ.*, 1re part., III, 111 sqq. ; *Lettres*, X, 95.
2. *Dioptr.*, V, 38.
3. *Ibid.*, V, 38-41.
4. *Ibid.*, V, 54-55.
5. *Reg. ad dir. ing.*, XI, 263 ; *Lettres*, VIII, 582.
6. *Dioptr.*, V, 3.
7. *Princ.*, 1re part., III, 112 ; *Dioptr.*, V, 55.

traduisons par une différence de qualité [1]. Nous tombons à nouveau dans cette erreur grave qui revient à transformer en élément de connaissance ce qui ne vaut que comme moyen d'action et de réaction, à nous servir comme de règles absolument certaines de ces simples marques empiriques qui, en dehors du composé, ne conservent aucun sens. C'est ce que nous comprendrons mieux encore en étudiant la manière dont se forme et se développe la sensation. Les choses externes, lorsqu'elles frappent l'extrémité de nos sens, mettent en action les esprits animaux. Il n'y a rien là que deux mouvements en contact l'un avec l'autre, le mouvement des particules étendues qui composent l'objet extérieur et le mouvement des particules étendues qui constituent mon propre corps.

De leur rencontre naît un troisième mouvement, celui du cerveau qui provoque en notre esprit l'apparition de tous nos sentiments, plaisir, douleur, faim, soif, etc. [2] On doit donc trouver dans l'objet quelque chose qui soit en rapport avec l'affection que nous éprouvons, par exemple avec la lumière, et qui continuerait d'exister même si nous disparaissions, même s'il n'y avait aucun animal pourvu de sens, mais qui ne peut pas être en soi tel qu'il est perçu par nous [3].

D'où suit enfin :

1° Que les données sensibles ne révèlent point la nature intime des choses extérieures ;

2° Que pourtant ces données contiennent une part de vérité et prouvent l'existence réelle d'un objet qui, pris en soi, est purement géométrique et dont les seules propriétés véritables sont l'étendue, la figure et le mouvement.

Ces conclusions ne font que confirmer celles du précédent chapitre. Elle établissent qu'il n'existe en réalité qu'un corps,

1. *Reg. ad dir. ing.*, XI, 263 ; *Lettres*, VIII, 582.
2. *Dioptr.*, V, 6 sqq. ; *Le Monde*, IV, 219 sqq. ; *Lettres*, VII, 238 sqq. ; X, 105 sqq., 309 sqq.
3. *Princ.*, 1re part., III, 111 sqq.

ou plutôt que *le* corps, et non pas *des* corps, formant une multiplicité actuelle. La diversité des qualités sensibles que nous révèle l'expérience n'a qu'une signification purement humaine, ne répond à rien en dehors du composé. Il n'y a qu'un corps comme il n'y a qu'une étendue et comme il n'y a qu'un espace, et ce corps unique s'identifie avec cette étendue unique et avec cet unique espace. Corps, étendue, espace, ce ne sont là que trois désignations différentes d'une seule et même réalité étrangère à la pensée.

Si maintenant nous analysons cette diversité, nous dégageons les véritables conclusions du système cartésien, conclusions informulées, peut-être même insoupçonnées par l'auteur, mais qui n'en découlent pas moins logiquement des principes par lui posés. En s'évanouissant, la diversité des corps fait également évanouir la diversité des âmes : il n'y qu'*une* pensée comme il n'y a qu'*une* étendue. D'où vient en effet la différence entre les esprits, sinon de la différence entre les images, les sensations, les représentations particulières à chacun d'eux ? Faisons évanouir ce mirage sensible, et rien ne reste qu'un seul et même entendement, qu'une seule et même raison naturellement égale en tous les hommes, qu'une seule et même âme identique en toutes les âmes. Le monde sensible que nous percevons diffère avec chacun de nous précisément parce qu'il est sensible. Le monde intelligible que nous concevons est le même pour tous, précisément parce qu'il est intelligible. Soit une opération mathématique, la plus simple de toutes, l'addition. Lorsque je la fais, c'est l'esprit humain tout entier qui, en moi et par moi, effectue cette opération. En moi comme en tout autre, la même raison construit la même mathématique. Le monde intelligible, la science, l'entendement font, pour ainsi parler, de tous les hommes un homme unique et éternel.

Il y a plus. La pensée et l'étendue, c'est-à-dire le pensant et le pensé, se ramèneraient finalement à l'unité, car le monde n'est que la science en acte, l'ordre intelligible manifesté par le développement rationnel des lois, la logique des idées claires. Tel est Dieu, science actualisée, série des pures essences où ce qui connaît se confond avec ce qu'il connaît. La vérité de Dieu, c'est l'être même de Dieu ; et, au terme de l'analyse, la vérité et l'être de Dieu, c'est la vérité et l'être des choses.

Ainsi, le problème de la réalité du monde extérieur se confondrait finalement avec le problème de la réalité de l'esprit. Il n'est qu'une seule âme comme il n'est qu'un seul corps, et cette âme unique n'est que l'idée de cet unique corps. Il ne peut exister des âmes multiples et distinctes liées à des corps également multiples et distincts, dont, dans un autre mode d'existence, on pourrait concevoir qu'elles soient détachées. Il n'y a qu'une âme éternelle, infinie, sans limites, objet éternel de sa propre pensée. Et cette pensée ne pose en dehors de soi ni un monde extérieur ni même des essences pures qui exprimeraient en quelque sorte la matière de l'entendement divin. Quoi qu'en ait Descartes, son système tend et aboutit au panthéisme. Il n'y a proprement ni monde ni esprit. Le monde, c'est la pensée en tant qu'elle est pensée ; l'esprit, c'est la pensée en tant qu'elle se pense. Ce que nous appelons à tort monde extérieur, ce n'est que la pensée donnée à elle-même, devenue à elle-même son objet.

CONCLUSION

Nos conclusions seront brèves. Descartes n'a pas démontré l'existence du monde extérieur, il ne pouvait pas la démontrer. Les principes intellectualistes de sa doctrine ne le lui permettaient pas. Il a postulé l'existence de l'univers, pour des raisons apparemment moins philosophiques que religieuses. Son système se ferme sur un acte de foi.

Il prouve ainsi, non seulement son impuissance, mais encore celle de l'intellectualisme tout entier. S'il fait appel à l'imagination, c'est parce que l'entendement ne peut poser que l'idéal, non le réel, ne peut prouver que l'existence du possible, non celle de l'actuel. Notre pensée n'entrera en contact avec les choses concrètes données, qu'en subissant une sorte de déchéance, qu'en s'amoindrissant.

Ce qui ressort finalement de notre étude, c'est donc que l'idéal ne contient pas en soi une puissance suffisante pour se réaliser, pour se poser comme existant. Nous voyons aussi par là que le cartésianisme enveloppe une contradiction intime : la science ne peut être à la fois intelligible et objective (au sens moderne du mot) ; est-elle intelligible ? elle n'atteint point les choses ; atteint-elle la réalité ? elle cesse d'être intelligible. Cette contradiction sera plus manifeste encore chez les successeurs de Descartes et notamment chez Kant, mais elle apparaît déjà clairement, lorsqu'on analyse la nature intime de l'étendue et celle des choses extérieures ou soi-disant telles, nature obscure, équivoque, ambigüe. Peut-être n'était-il pas inutile de montrer, sur un point précis, que le germe du scepticisme idéaliste se trouvait dans la doctrine même de celui qu'on regarde généralement comme le fondateur de l'intellectualisme moderne.

TABLE DES MATIÈRES

	Pages
Préface	3
Chapitre Ier : Existe-t-il un monde matériel distinct ?	5
Chapitre II : Le monde intelligible. La véracité divine et l'essence des corps	26
Chapitre III : Le monde imaginaire et le monde sensible. L'imagination et l'existence des corps	46
Conclusion	65

Vu et lu

en Sorbonne, le 15 juillet 1903,
par le Doyen de la Faculté des Lettres
de l'Université de Paris,

A. CROISET,

Vu et permis d'imprimer :

Le Vice-Recteur
de l'Académie de Paris,

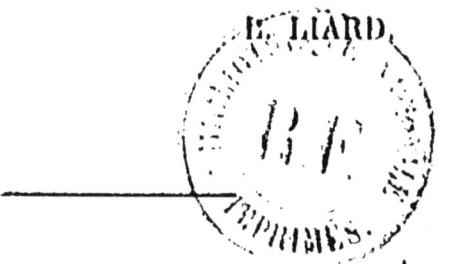

L. LIARD,

———

Pithiviers. — Imprimerie L. Gauthier.

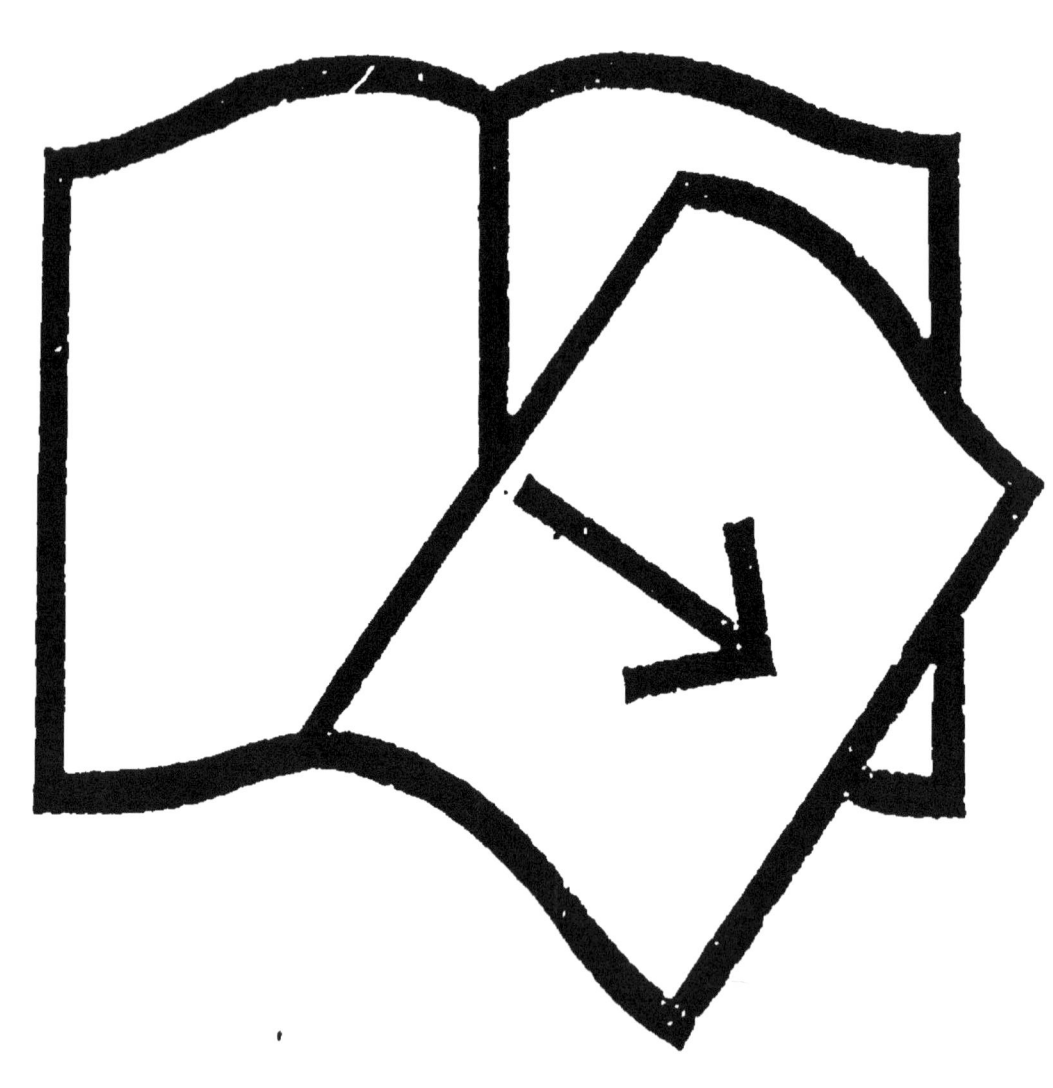

Documents manquants (pages, cahiers...)
NF Z 43-120-13

www.ingramcontent.com/pod-product-compliance
Lightning Source LLC
LaVergne TN
LVHW021004090426
835512LV00009B/2070